Die Frau in der Literatur

Danièle Sallenave

Das Schweigen der Mütter

Mißbraucht und für immer zerstört

Mit einem Nachwort
von Bettina Foulon

Ullstein

Ullstein Buchverlage GmbH & Co. KG,
Berlin
Taschenbuchnummer: 30437
Titel der Originalausgabe:
Viol
Aus dem Französischen von
Claudia Steinitz

Deutsche Erstausgabe
September 1999

Umschlagentwurf:
Theodor Bayer-Eynck
Illustration:
Bildagentur Premium

Printed in Germany 1999
Gesamtherstellung:
Ebner Ulm
ISBN 3 548 30437 0

Gedruckt auf alterungs-
beständigem Papier mit
chlorfrei gebleichtem Zellstoff

Die Deutsche Bibliothek –
CIP-Einheitsaufnahme

Sallenave, Danièle:
Das Schweigen der Mütter :
mißbraucht und für immer zerstört/
Danièle Sallenave. Mit einem Nachw.
von Bettina Foulon.
[Aus dem Franz. von Claudia Steinitz]. –
Dt. Erstausg. – Berlin : Ullstein, 1999
(Ullstein-Buch ; Nr. 30437)
Einheitssacht.: Viol <dt.>
ISBN 3-548-30437-0

An Madame Madeleine Dumonchel-Moretti
Cité Maurice-Arnaud, résidence »Les Merles«
149, boulevard du Thénain
Saint-Colmer (Nord)

Paris, 16. September 1995

Sehr geehrte Madame Dumonchel-Moretti,

es tut mir leid, daß wir uns so mißverstanden haben: Ich hatte keineswegs vor, die Gespräche mit Ihnen, denen Sie im Grunde zugestimmt hatten, in irgendeiner Form für ein Buch oder eine Radiosendung zu verwenden. Ich hatte lediglich vorgeschlagen, sie auf Band aufzunehmen, um mein Gedächtnis zu unterstützen, aber wenn Sie es wünschen, werden wir auf diese Aufzeichnungen verzichten. Es versteht sich im übrigen von selbst, daß Ihr Name nirgends auftauchen wird.

Wie ich Ihnen wohl schon sagte, wobei ich mich zweifellos nicht klar genug ausgedrückt habe, steht noch nicht endgültig fest, welche Form das annehmen wird, was nicht direkt eine »Untersuchung« ist – ich verstehe, daß dieses Wort Sie abgeschreckt hat. Sie haben vollkommen recht: Die Akten Ihres Gatten sind geschlossen, seit das Urteil ausgesprochen wurde, und er verbüßt gegenwärtig seine Strafe. Ich habe nicht die geringste Absicht, diese noch einmal zu öffnen, viel weniger noch, Sie zu zwingen, erneut diese Prüfung zu durchleben, die ganz gewiß hart genug war. Ich kann Ihnen nur nochmals erklären, was ich Ihnen bereits geschrieben und gesagt habe: Nichts von unseren Gesprächen wird ohne Ihre ausdrückliche Zustimmung irgendeine Verwendung finden.

Wenn Sie immer noch dazu bereit sind, sollten unsere Begegnungen dazu dienen, eine Frage zu beleuchten, die man meiner Ansicht nach zu selten stellt: Wie erleben Frauen die Verurteilung des Ehemanns für Straftaten, wie sie Ihrem Gatten vorge-

worfen wurden. Ich glaube keineswegs, daß der beste oder einzige Weg, darauf zu antworten, eine Radio- oder Fernsehsendung wäre.

In Anbetracht meiner Zielsetzung, und mir schien, daß Sie diese teilten, wird Ihre Meinung – und in diesem Sinne Ihre Mitwirkung – von besonderer Bedeutung sein. Bei unserer ersten Begegnung habe ich in der Tat gespürt, wie sehr Sie unter der Einsamkeit als Frau in einer solchen Situation leiden – Sie haben es mir sogleich ausdrücklich gesagt. Aber ich bestehe auf nichts. Ihre Zustimmung verpflichtet Sie zu nichts, und wenn Sie davon zurücktreten wollen, würde ich Ihren freundlichen Empfang dennoch in dankbarer Erinnerung behalten.

Ich kann sehr wohl ermessen, was es Sie kostet, sich mit den Erinnerungen an schmerzliche Ereignisse beschäftigen zu müssen, auch wenn die Perspektive eine ganz andere ist als die eines Prozesses. Aber wenn Sie so freundlich sind, sich das Buch anzusehen, das ich Ihnen gegeben habe und das in Zusammenarbeit mit meinen Gesprächspartnerinnen – Ehefrauen von früheren Bergarbeitern aus Lothringen – entstanden ist, werden Sie ganz gewiß verstehen, in welchem Geist ich derartige Gespräche führe, und Sie werden feststellen, daß die durchlebten Situationen mit größtem Respekt vor den Personen, ihrem Leben, ihren Schwierigkeiten nachgezeichnet sind.

Wie ich Ihnen bereits sagte, werde ich Paris nicht vor Ende September verlassen. Dann fahre ich nach Rennes, um dort eine Frau zu treffen, deren Lebensgefährte zu diesem Zeitpunkt aus dem Gefängnis entlassen wird.

Bis dahin hoffe ich, Nachricht von Ihnen zu erhalten, und verbleibe mit freundlichen Grüßen

Sophie Dauthry
219, rue de Granges
*Paris XVIIe*

An Madame Madeleine Dumonchel-Moretti

Paris, 21. September 1995

Sehr geehrte Madame Dumonchel-Moretti,

vielen Dank für Ihre rasche Antwort und vor allem dafür, daß Sie mir genug Vertrauen schenken, um Ihre Entscheidung zurückzunehmen, unser Gesprächsprojekt nicht fortzusetzen.

Wir können also sehr schnell beginnen. Ich habe meine Verabredung in Rennes um einen Monat verschoben, da ich mich lieber zuerst mit Ihnen treffen möchte, denn durch Sie hat das Projekt Gestalt angenommen. Ich glaube, es wird ausreichen, wenn wir uns fünf- oder sechsmal treffen, doch einige zusätzliche Begegnungen werden vielleicht nicht unnötig sein. Ich freue mich sehr, daß Sie schließlich auch den Tonbandaufnahmen zugestimmt haben. Die Bänder werden auf keinen Fall im Ganzen verwendet, das wiederhole ich, weder im Buch noch in einer Radiosendung. Nach dem Ende unserer Treffen und unserer Arbeit bleiben sie in Ihrem Besitz und werden Ihnen ausgehändigt.

Da Sie mir mitgeteilt haben, der Zeitraum würde Ihnen gelegen sein, kann ich ab dem 28. September für eine Woche oder etwas mehr nach Saint-Colmer kommen.

Ich schlage vor, wir verabreden uns zum erstenmal für den 29., 11 Uhr. Wenn bei Ihnen irgend etwas dazwischen kommt, müssen Sie nur eine Nachricht in meinem Hotel (Hôtel des Deux-Gares, place du 18-Juin) hinterlassen.

Mit herzlichen Grüßen

Sophie Dauthry

29. September 1995
ERSTES GESPRÄCH
MADO

– . . . aber mir macht nichts mehr Spaß.*

– Seitdem er weg ist?

– Ja, seit dem Tag, wo sie ihn mir weggenommen haben, bin ich nicht mehr dieselbe. Wissen Sie, das ist schon was, jemand im Gefängnis zu haben. Man denkt nur noch da dran.

– Quälen Sie sich wegen ihm, oder ist es wegen dem, was er getan hat, was man ihm vorgeworfen hat?

– Ich quäle mich wegen ihm. Er ist nicht sehr gesund. Er schläft nicht gut, nein, das alles, das . . . Also mir macht nichts mehr Spaß.

– Aber es ist trotzdem sehr nett bei Ihnen, hell, gepflegt, Sie haben Blumen auf dem Fenster, und das, was ist das, woran Sie da arbeiten? Kann ich es mir ansehen?

– Ja, natürlich. Das ist gehäkelt. Um meine Nerven zu entspannen, das hat mir der Doktor gesagt, *Ihre Nerven sind es und auch ein bißchen das Herz, aber vor allem die Nerven*, wenn Sie meine Liste von Medikamenten sehen würden, ich nehm' drei Tabletten am Morgen, sechs mittags und drei abends. Um zu schlafen, um mich zu beruhigen, um mich aufzumuntern, um wieder zu Kräften zu kommen. Aber es hat nicht gewirkt, ich kann nicht schlafen, ich schlafe nicht.

– Was machen Sie dann? Lesen Sie, sehen Sie fern?

* Bei den folgenden Tonbandabschriften wurden sprachliche Eigenheiten der Interviewpartner beibehalten (Anm. d. Ü.).

- An den Tagen, wo Besuchszeit ist, nehme ich noch zwei Tabletten extra, im Autobus.

- Warum?

- Ich weiß auch nicht, es regt mich so auf.

- Fahren Sie oft hin?

- Nicht so oft, wie ich gern möchte, es ist ja immerhin ein ganzes Stück bis dahin. Und ich hab' kein Geld, um viele Fahrten zu bezahlen. Es gibt da eine Frau, in *Les Roitelets*, das ist das andere Haus, gleich hier hinten, die auch jemand da unten hat, ihren Sohn, manchmal fährt sie mit dem Auto und nimmt mich mit. Aber in der Nacht danach ist Sense, nichts mit schlafen. Und lesen oder fernsehen kann ich auch nicht, nein, ich kann nicht fernsehen, mit meinen Kopfschmerzen, also lieg' ich einfach so da im Dunkeln, manchmal wird die Zeit lang, und man wälzt alles hin und her, da drin! Im Kopf.

- Und tagsüber?

- Geht's besser. Aber ich langweile mich, ich bin nicht mehr wie vorher.

- Aber Sie beschäftigen sich trotzdem. Macht Ihnen das Häkeln Spaß?

- Jetzt ja, aber am Anfang nicht. Da hatte ich eine Depression.

- Was wird das hier? Ein Mantel?

- Nein, eine Babydecke. Für meine Tochter.

- Es sind hübsche Farben.

- Ich mach' das aus Wollresten. Aber dabei bewegen sich nur die Finger. Der Kopf arbeitet inzwischen weiter, das kann ich Ihnen sagen, der arbeitet.

- Freuen Sie sich, daß Ihre Tochter ein Baby erwartet?

- Ja, natürlich! Aber das bringt mir den Mann nicht zurück.

- Dennoch, nach all dem, was Ihrer Tochter geschehen ist, sind Sie nicht froh, daß . . . ich meine, daß sie jemanden gefunden hat, daß sie sich in einen jungen Mann verliebt hat, daß sie Lust hatte, eine Familie zu gründen?

- Was ihr geschehen ist, ist geschehen, natürlich ... Aber wissen Sie, ich war auch nicht immer auf Rosen gebettet, als Witwe mit zwanzig. Und mit zwei Buben!

- Sie waren zwanzig, als Ihr erster Mann starb?

- Ich sage nur tot, er ist nicht richtig tot, also vielleicht inzwischen doch, aber für mich ist er tot, nach dem, was er mir angetan hat.

- Können Sie mir davon erzählen, oder tut es Ihnen zu sehr weh?

- Freiwillig in die Fremdenlegion! Einfach so, von einem Tag auf den anderen. Ich hab's Jahre später von der Militärverwaltung erfahren. Also, danach, Sie können sich denken ...

- Vielleicht hatte er einen guten Grund?

- Will ich nicht leugnen, er hatte Dummheiten gemacht.

- Dummheiten? Welcher Art?

- Große Dummheiten. Aber das ist alles vorbei. Nur, damit Sie es wissen.

- Aber welcher Art?

- Er hat Autos repariert, Unfallautos. Man hat ihm vorgeworfen, daß er nicht die nötigen Papiere hatte, wie heißt das doch, die von der Präfektur ...

- Die Zulassung?

- Ja, genau. Sie haben ihn gewarnt. Aber er war ein Hitzkopf, dem konnte man nichts sagen. Und dann war noch was anderes, ein Typ, ein Bursche, der mit ihm gearbeitet hat, hat einen Unfall gehabt. Und da ist er nicht davongekommen.

- Was für einen Unfall?

- Er ist in seinem Auto verbrannt, und sie haben gesagt, daß es in Wirklichkeit kein Unfall war. Sie hatten sich gestritten, weil mein Mann ihm Geld schuldete. Aber das ist alles altes Zeug. Und ich habe niemals wirklich was rausgekriegt, was Sicheres.

- Und Ihre Söhne sehen Sie nicht mehr?

- O nein, je seltener ich sie sehe, desto besser geht's mir!

- Ihre Tochter Marie-Paule, so heißt sie doch, nicht wahr, war sie immer Ihr Lieblingskind?

- Ja, das kann man so sagen, trotz allem, was sie mir angetan hat.

- Nehmen Sie es ihr übel?

- O ja, in einem Sinn nehm' ich es ihr übel, auf jeden Fall.

- Aber was eigentlich?

- Daß sie sich hat manipulieren lassen. Was sie da gesagt hat, beim Prozeß, bei der Untersuchung, man hat doch genau gemerkt, daß sie es selbst nur zur Hälfte geglaubt hat, sie war so, als wenn sie ihre Lektion runterbetet, es hat richtig weh getan, das mit anzusehen.

- Aber vielleicht stand sie noch unter Schock. Das alles wieder zu durchleben, ist manchmal sehr schwer, vor allem in der Öffentlichkeit.

- Ja, vielleicht, aber keiner wird mir ausreden, daß sie sich das nicht alleine ausgedacht hat. Und das hab' ich ihr übel genommen und tu's immer noch.

- Aber trotzdem häkeln Sie eine Decke für das Baby.

- Sie ist ja eigentlich nicht bösartig, ich sage Ihnen, jemand hat sie manipuliert. Und außerdem, eine Mutter bleibt immer eine Mutter. Mit der andren, das ist was ganz andres.

- Die andere, ist das die Tochter Ihres Mannes, die Tochter von Lucien? Sie heißt Maud, nicht wahr? Mado, Maud, das ist ziemlich ähnlich. Man nennt Sie doch Mado, nicht wahr?

– Ja, mein richtiger Name ist Madeleine, aber alle nennen mich Mado. Am Anfang haben sie uns verwechselt, Mado, Maud. Also die . . .

– Sie wollen sie nicht mehr bei ihrem Vornamen nennen?

– Also die! Das ist alles ihre Schuld! Sie soll bloß nicht versuchen, sich hier blicken zu lassen. Ich sag' ja immer, die Zeit vergeht. Aber nicht für die andre. Die andre will ich nie mehr sehn.

– Wohnen sie schon lange nicht mehr bei Ihnen?

– Wen meinen Sie jetzt?

– Die beiden Mädchen.

– Nein. Von Anfang an, seit der Prozeß war, das ging einfach nicht mehr, daß sie hier mit mir wohnen.

– Und jetzt?

– Meine Tochter seh' ich von Zeit zu Zeit, nicht oft, aber die andre niemals.

– Haben Sie deswegen vorhin gesagt: »Das ist, als hätte man keine Kinder mehr«?

– Ach ja, richtig. Ich hab' das vor allem wegen meinen Söhnen gesagt. Wenn Sie wüßten, was die erzählt haben, als der Prozeß war. Das hat mir doll weh getan, das kann ich Ihnen sagen. Das war alles eine abgekartete Sache. Außerdem hat sie versucht, den Großen anzumachen. Aber das hat nicht geklappt.

– Wer hat das versucht?

– Die! Meine Stieftochter.

– Als sie bei Ihnen wohnten?

– Oh, meine Söhne waren schon lange weg! Nein, er war schon verheiratet, aber die hat das nicht gestört. Mein armer Lucien, er hatte wahrlich kein Glück mit seiner Tochter.

– Aber Sie sind doch nicht immer allein, Sie haben sicher Freunde?

– Freunde? Freunde hat man nach so einer Sache nicht mehr! Außerdem will ich sie nicht mehr sehen.

– Warum? Schämen Ihre Freunde sich, weil Lucien im Gefängnis ist? Oder mehr Sie selbst?

– Schämen? Warum soll ich mich schämen?

– Ich weiß nicht, wegen dem, was die Leute sagen, auf der Straße, in den Geschäften.

– Nein, das ist es nicht. Aber wenn man sieht, wie die sich benommen haben, also da kann man wirklich den Glauben in die Menschen verlieren.

– Was haben sie getan?

– Sie haben sich alle gegen ihn verbündet, sogar die, die gar nichts wissen konnten. Alle hatten irgendwas dazu zu sagen. Leute, die wir kaum kannten. Was können die wohl über unsere Familie zu sagen haben?

– Und niemand hat Sie unterstützt?

– Niemand, niemand! Na gut, hinterher: Wie geht's dir? Nimm es dir nicht so zu Herzen und so weiter. Und tun immer freundlich. Aber bei mir ist Schluß.

– Aber Sie gehen trotzdem ab und zu aus? Sie bleiben doch nicht immer zu Hause?

– Am Anfang schon, aber ich sag' mir immer, die Zeit vergeht. Jetzt geh' ich raus, mach' meine Einkäufe.

– Wie lange ist es jetzt her?

– Dreieinhalb Jahre, man mag es nicht glauben, dreieinhalb Jahre, daß sie ihn mir weggenommen haben. Sehen Sie, wenn ich häkele, bringt mich das näher zu ihm, das ist so wie das, was sie im Gefängnis machen, irgendwelche kleinen Teilchen, immer dasselbe.

– Aber ich glaube, er studiert dort etwas?

– Das weiß ich nicht so genau. Auf jeden Fall beschäftigt es ihn, und sie werden dann besser behandelt. Ich seh' nur, daß es sehr lange dauert, und dabei hat er doch gesagt: »Mach dir keine Sorgen, es dauert nicht lange.«

– Dachte er, er würde schneller entlassen werden?

– Natürlich, wo er doch nichts gemacht hat!

– Aber es gab doch immerhin die Zeugen, den Prozeß, die Verurteilung, nicht wahr?

– Das war ein abgekartetes Spiel. Das sind Leute, die sauer auf uns sind. Und das alles wegen Geld.

– Geld? Wie meinen Sie das? Erklären Sie es mir bitte.

– Darüber will ich lieber nicht sprechen.

– Wer ist sauer auf Sie?

– Zuerst mal die Mädchen. Und sie sind nicht alleine. Da steht jemand andres dahinter. Sogar mehrere.

– Aber sie hatten doch einen Grund, ihm böse zu sein, finden Sie nicht?

– Ich weiß nicht.

– Sie wollen wirklich nicht mehr darüber sagen?

– Nein.

*

– Was tun Sie dann, den ganzen Tag? Sie arbeiten nicht mehr?

– Ich bin seit Oktober in Rente. Ich hatte gedacht, daß er dies Jahr rauskommt, dann wären wir gleichzeitig frei gewesen, aber das hat nicht geklappt. Er hat gedacht, er kriegt einen Straferlaß, aber das hat nicht geklappt.

– Warum nicht?

– Er ist immer zu gut. Da war so eine Geschichte mit irgendwelchen Kerlen, die nicht viel taugen, er hat ganz unschuldig mit dringesteckt, aber er wollte nichts sagen.

– Wie verbringen Sie Ihre Tage?

– Manchmal, vor allem zuerst, hab' ich es nicht mal fertiggebracht aufzustehen, ich bin bis elf oder zwölf im Bett geblieben. Ich bin aber auch mächtig spät ins Bett, oft war das Fernsehprogramm schon zu Ende, und ich hab' immer noch dagesessen . . .

- Was haben Sie getan? Geweint?

- O ja! Ich hab' vielleicht geweint! Und dann, das muß ich zugeben, habe ich auch ein bißchen übertrieben. Und morgens war mir dann gar nicht gut.

- Sie meinen, daß Sie wieder anfingen zu trinken?

- Ja, frei heraus, man muß es mal aussprechen.

- Viel?

- Ja, viel, ich schäme mich nicht, es zu sagen, der Doktor hat zu mir gesagt: »Madame Moretti, Sie sind krank.«

- Und jetzt sind Sie geheilt?

- Geheilt nicht, aber es geht besser. Ich sag' nicht, daß ich gar nichts mehr trinke, der Doktor schimpft immer mit mir, aber ich übertreibe nicht mehr. Nein, ich übertreibe nicht. Außerdem kann ich auch gar nicht mehr, wegen meinem Herz.

- Sie heißen Moretti?

- Das ist ein italienischer Name. Das ist nicht Luciens Name, ich habe lieber wieder meinen angenommen.

- Seit er im Gefängnis ist?

- Nein, seitdem wir geheiratet haben. Vorher hatte ich den von meinem ersten Mann. Das ist mir lieber. So . . .

- Ist es besser so, wenn man sich trennt?

- Ich habe nicht vor, mich jemals von Lucien zu trennen. Aber man weiß ja vorher nie, was passiert.

- Er könnte Sie verlassen? Wollen Sie das sagen?

- Nein, das sind so Sachen, die ich mir einbilde.

- Waren Ihre Eltern Italiener?

- Mein Großvater väterlicherseits, der ist als Bergarbeiter in die Region Donon gekommen, also gar nicht so weit weg von hier. Aber mein Vater war nie Bergarbeiter. War nicht kräftig genug.

- Was hat er gemacht?

– Er hat in der Spinnerei gearbeitet. Hier in der Gegend war es immer so, Bergwerk oder Spinnerei.

– Und jetzt?

– Weder noch. Arbeitslosigkeit, wie überall.

– Also, Sie stehen auf, Sie kümmern sich um den Haushalt, es ist ordentlich, sehr ordentlich bei Ihnen.

– Oh, hier im Norden sind wir sehr sauber! Und außerdem denke ich an Lucien. Wenn er wiederkommt, will ich, daß er alles so findet, wie er es gerne hat.

– Liebte er sein Heim?

– Er war ganz verrückt danach. Immer hatte er hier was zu malern, da was zu werkeln, er hatte ja Zeit tagsüber, nach seiner Arbeit.

– Sie haben erzählt, er war Nachtwächter.

– Ja, im Einkaufszentrum. Er hat nur ganz wenig geschlafen, zwei, drei Stunden, und danach hatte er Zeit, zu Hause.

– Wenn Sie an das denken, was geschehen ist, glauben Sie nicht, daß es vielleicht besser gewesen wäre, wenn er weniger Zeit zu Hause verbracht hätte?

– Kann sein. Aber für mich ist er unschuldig, das war ein abgekartetes Spiel.

– Als die Mädchen klein waren, kamen sie da nach der Schule gleich nach Hause?

– Wo sollten sie denn sonst hin? In der Schule waren sie nur fünf, sechs Stunden, und ich hatte oft die dreizehn-bis-einundzwanzig.

– Was ist das: dreizehn-bis-einundzwanzig?

– Eine Schicht. Wir haben jede Woche gewechselt und später sogar alle drei Tage, als es weniger Personal gab. Fünf bis dreizehn, neun bis siebzehn oder dreizehn bis einundzwanzig. Wenn man noch den Rückweg dazurechnet, war ich nachmittags fast nie zu Hause. Nur jede dritte Woche.

– Aber der Supermarkt ist doch ganz nah, man sieht ihn von Ihrem Fenster aus.

– Ich habe nicht in dem gearbeitet, sondern in Sur-Grand, auf der andren Seite.

– Und als die Mädchen anfingen zu arbeiten, wohnten sie dann weiter bei Ihnen?

– Ja, das war bequemer so. Nur daß sie dann Leute getroffen haben, die ihnen Flausen in den Kopf gesetzt haben.

– Was für Leute?

– Freunde. Erst in der Oberschule, dann in der Berufsschule. Aber darüber möchte ich lieber nichts sagen.

– Wer war das? Lehrer?

– Ja, besonders eine Frau. Eine von den Lehrerinnen. Die hat die ganze Zeit auf sie eingeredet.

– Auf Maud?

– Ja.

– Sind die beiden gern zur Schule gegangen?

– Meine Tochter eher nicht, sie ist wie ich, sie lernt nicht gerne.

– Aber Ihre Stieftochter?

– Oh, die, die will sich großtun!

– Und sie hat nicht studiert, sie hat sofort aufgehört?

– Diese Maud? Doch, sie hat weitergemacht, sie hat einen Fachschulabschluß in Buchhaltung, aber sie wollte nicht arbeiten. Sie hatte was gefunden, aber dann hat sie geschmissen.

– Und ihr Vater, was hat der dazu gesagt?

– Er hat sie unterstützt.

– Arbeitet Marie-Paule?

– Im Moment nicht.

– Ist sie arbeitslos?

– Nein, sie ist krank geworden. Und jetzt kommt ja das Baby.

– Wann eigentlich?

– In zwei Monaten.

– Nein, ich meine, wann ist sie krank geworden?

– Als Lucien verhaftet wurde. Die haben sie auch ganz schön gequält. Während dem Prozeß.

– Inwiefern?

– Ich habe keine Lust, darüber zu sprechen.

*

– Sehen Sie abends fern, oder gehen Sie ab und zu aus?

– Ja, ins Lokal oder auch mal ins Kino, aber mit dem Herz bin ich nicht dabei. Und außerdem will er es nicht immer.

– Lucien? Sie bitten ihn um Erlaubnis?

– Jedesmal. Er sagt dann: Ja, einverstanden, aber nicht mit dem oder mit der.

– Stört es ihn? Will er nicht, daß Sie sich amüsieren, während er im Gefängnis sitzt?

– Das spielt bestimmt eine Rolle. Und mir verdirbt es ja auch den Spaß. Aber, ich weiß nicht, wie ich es sagen soll, er mag es eben nicht.

– Ist er unruhig, wenn er weiß, daß Sie ausgehen?

– Ich weiß nicht. Auf jeden Fall, manchmal schreibe ich ihm, und er antwortet oder sagt es mir bei der Besuchszeit: nein.

– Hat er Angst, daß Sie neue Freunde finden? Angst, daß Sie ihm untreu sind?

– Oh, Sie brauchen mich nur anzugucken, von daher ist keine Gefahr, obwohl, es gibt da auch welche ... Nein, aber das macht ihn trotzdem eifersüchtig.

– Eifersüchtig? War er vorher eifersüchtig?

– Oh, das will ich meinen. Dabei war ich wahrlich nicht mehr jung, als wir uns kennengelernt haben, aber ich hab' mich anständig hergerichtet, die Haare immer gebleicht, die Hände gepflegt, auch die Kleidung, Sie wissen ja, die Arbeit im Café, er hat das nicht richtig böse gesagt, aber zum Beispiel: »Sieh an, der und der macht dir schöne Augen.« Und so was. Sie wissen ja, in einem Café muß man sich halt um Kunden kümmern. Man paßt ja da nicht so auf sowas auf.

– Und hat es Ihnen nicht ein bißchen gefallen, daß man Sie anschaute, daß man Ihnen Komplimente machte?

– Oh, früher mal, da schon!

– Warum »früher mal«?

– Sagen wir, als uns der Vater von Marie-Paule verlassen hat, sogar schon ein bißchen früher, hatte ich so, wie soll ich sagen, verschiedene Bekanntschaften, ich bin öfter ausgegangen, ohne so genau hinzugucken.

– Wollten Sie wieder heiraten?

– Weiß Gott nicht! Vom Heiraten hatte ich absolut die Nase voll.

– Aber als Sie Lucien kennenlernten, war es etwas anderes?

– O ja, das kann man wohl sagen! Das war Liebe auf den ersten Blick.

– Und für ihn auch?

– Ich glaub' schon.

– Und dann haben Sie bald geheiratet?

– O nein, wir haben gewartet, er ist gekommen, hat nichts gesagt, und eines Tages ist es passiert. Seitdem haben wir uns nie mehr getrennt. Bis sie gekommen sind, um ihn mir wegzunehmen.

– Sie sagen, er war, er ist eifersüchtig. Und Sie selbst, waren Sie eifersüchtig?

– Nein.

– Nein? Niemals? Aber auf dem Foto, das ich gesehen

habe, es ist zwar vom Automaten, aber man sieht trotzdem, daß er ein schöner Mann ist, er wirkt sehr jung. Und Sie haben nie daran gedacht, daß . . .

- O doch, oft.

- Gab es da irgendwelche Geschichten, Abenteuer?

- Ich weiß nicht, aber, ich weiß auch nicht, wie ich das sagen soll . . .

- Sie dachten einfach nicht daran?

- Doch, ich dachte daran, aber ich war nicht eifersüchtig, ich fand das . . . ich hätte das normal gefunden.

- Normal? Weil er ein Mann ist?

- Ja, einmal deswegen, sie sind nicht wie wir, das ist nicht das Gleiche für sie.

- Meinen Sie?

- Ganz sicher! Und er, er war ja so viel besser als ich. Ich weiß nicht, warum ich »war« sage.

- Es hätte Ihnen nichts ausgemacht?

- Doch, es hätte mir weh getan.

- Und als es all diese Geschichten gab, den Prozeß, hat Ihnen das nicht weh getan?

- Das hat mir weh getan, sicher hat mir das weh getan.

- Können Sie sagen, weshalb er im Gefängnis ist?

- Er wird wegen Vergewaltigung beschuldigt.

- Seiner Stieftochter und seiner eigenen Tochter?

- Ja.

- Und Sie meinen, das stimmt nicht?

- Ich sage, daß man sie aufgehetzt hat, die Mädchen, und das alles wegen Geld.

- Aber wer?

- Wollen Sie wirklich, daß ich es Ihnen sage? Also, das darf ich nicht, der Richter hat zu mir gesagt, passen Sie auf, was Sie sagen, das könnte auf Sie zurückfallen.

- Was heißt das?

- Sagen wir, ich weiß sehr gut, wer meine Stieftochter

manipuliert hat, aber ich darf den Namen nicht sagen. Diese Person ist nicht weit weg, das kann ich Ihnen versichern.

- Das ist ein sehr ernster Vorwurf, den Sie da vorbringen. Sie sprechen von ihrem Freund, also ihrem Lebensgefährten?

- Ich darf nichts sagen. Aber die Person, die das gemacht hat, wird sich selber wiedererkennen, und ich sage ihr das, wenn sie uns zuhört: Das Geld wird ihr kein Glück bringen.

- Welches Geld?

- Die zehn Millionen.

- Was ist das für Geld?

- Das ist Schmerzensgeld, und Sie können sich bestimmt vorstellen, daß es Leute gibt, denen das gut paßt. Zehn Millionen!

- Ihre Stieftochter hat zehn Millionen erhalten?

- Nein, die soll sie erst noch kriegen. Das ist nicht gerecht.

- Ist es nicht gerecht, wenn es Schmerzensgeld gibt?

- Aber wenn ich Ihnen doch sage, daß er unschuldig ist!

- Ihre Tochter auch. Bekommt sie Geld?

- Nein, meine Tochter weniger.

- Warum?

- Ah, das weiß ich nicht, das ist auch nicht ganz sauber. Sie hat doch genausoviel verdient, oder?

- Aber wenn Sie sagen, er hätte nichts getan?

- Er ist nicht der einzige. Im Gefängnis gibt es noch ein paar, die wegen der gleichen Sache da sind. Und die sind auch nicht mehr schuldig als er.

- Und die anderen? Hatte er keine Probleme mit den anderen? Man sagt, daß Gefangene, die sich in der Situation Ihres Gatten befinden, im Gefängnis nicht gerade beliebt sind.

– Nein, davon hab' ich nichts gehört.

– Und denken Sie auch daran, daß er einmal frei sein wird?

– Ja, natürlich, manchmal macht mir das Angst.

– Angst wovor? Weil Sie so lange allein waren?

– Ja, schon wenn wir uns bei der Besuchszeit sehen, hab' ich das Gefühl, daß er sich nicht geändert hat, aber ich, nach all dem, man muß es aussprechen, ich habe einen Schlag weg, ich bin nicht mehr dieselbe.

– Aber Sie machen trotzdem Pläne?

– Das ja! Er will reisen, er will, daß wir uns einen Wohnwagen kaufen, das ist immer schon sein Traum gewesen. Jetzt, nur mit meiner Rente, ich weiß nicht, ob dafür noch was da ist. Aber ich mach' mir immer Sorgen. Wegen den Mädchen, besonders wegen seinem.

– Warum Sorgen?

– Ich habe Angst, daß sie uns schlecht macht, ich weiß nicht, eigentlich will ich nicht, daß wir hierbleiben. Aber andererseits sehe ich auch nicht, daß wir umziehen.

– Wie läuft das ab bei der Besuchszeit?

– Wir reden. Wir halten Händchen. Wie die Verliebten. Er sagt mir dies und das, daß ich mir keine Sorgen machen soll, daß alles gut wird.

– Ist er verbittert?

– Nein. Er will nicht, daß ich ihm sage, was ich wirklich denke. Er will an andere Sachen denken, sagt er.

– Spricht er in seinen Briefen von der Verurteilung? Von dem, was man ihm vorgeworfen hat?

– Niemals. Er hat einen Schlußstrich gezogen. Aber was ihm am meisten weh getan hat, war seine Tochter.

– In welchem Moment?

– Als sie vor Gericht gesprochen hat.

– Aber es ging doch gar nicht anders, oder?

– Meine Tochter hat sich geweigert zu sprechen.

– Warum? Sie hat doch auch . . .

– Die andere hatte sie aufgehetzt.

– Meinen Sie, daß Ihre Stieftochter gelogen hat?

– Vielleicht nicht direkt gelogen, aber, sagen wir, sie hat was dazugedichtet, und meine Tochter ist zu schwach, sie hat nichts abgestritten.

– Und denken Sie an den Moment, wenn er hier sein wird? An das, was Sie dann tun werden?

– Ja.

– Was wird das sein?

– Nichts, wir setzen uns auf die Couch, da wo Sie jetzt sitzen, wir schalten den Fernseher ein, und ich werde vielleicht eine kleine Ausnahme machen und es mit dem Trinken nicht so genau nehmen, an so einem Tag, was?

– Sind Sie ihm nicht irgendwie doch böse?

– Nein, warum sollte ich ihm böse sein? Mir hat er doch nichts getan.

30. September 1995
ZWEITES GESPRÄCH LUCIENS VERHAFTUNG

- Wenn man Ihnen zuhört, gewinnt man den Eindruck, das Wichtigste sei für Sie der Tag, an dem man Ihren Mann verhaftet hat. All Ihr Unglück scheint sich auf diesen Tag zu konzentrieren.

- Das stimmt. Ich kann nicht vergessen.

- Man möchte meinen, die Tatsachen zählten nicht für Sie, Sie wollten nichts davon erfahren.

- Wissen Sie, ich hab' so viel davon gehört, ich hab' genug gelitten.

- Ja, natürlich, das weiß ich. Dennoch. Aber wenn Sie heute nicht darüber reden wollen, erzählen Sie mir statt dessen, wie das war, als man ihn abgeholt hat. Sie sagten neulich, Sie hätten geschlafen?

- Ja, ich weiß nicht warum, aber ich hatte wohl so eine Vorahnung, ich bin gegen vier aufgewacht, und dann konnte ich nicht mehr einschlafen. Mir war mal zu warm, mal zu kalt, ich bin aufgestanden, dann bin ich wieder ins Bett gegangen und hab' vielleicht fünf, zehn Minuten geschlafen. Das werd' ich nie vergessen.

- Daß sie ihn geholt haben, bedeutete doch, daß beschlossen war, ihn zu verhaften. Also war es doch nicht das erste Mal, daß er mit der Polizei, mit der Justiz zu tun hatte. Hatte der Richter ihn schon vorher vorgeladen?

- Ich glaube, aber das weiß ich nicht so genau, er hat mir nie von seinen Angelegenheiten erzählt.

- Glauben Sie, daß er den Vorladungen folgte?

- Ich glaube. Aber das macht jeder mit sich selber ab . . .

- Also wußten Sie, was sich da entwickelte?
- Ja und nein.
- Wie meinen Sie das?
- Die Mädchen, die waren nicht mehr so wie vorher.
- Wie vorher?
- Ja, vor allem Maud. Sie hat immer so ein bißchen gegrinst.
- Und Marie-Paule?
- Die war immer nur mürrisch.
- Was meinen Sie, warum Maud so eine Haltung zeigte?
- Für die war das doch der große Triumph.
- Und für Marie-Paule nicht?
- Oh, nein!
- Warum nicht?
- Sie hatte Lucien sehr gern, sie ja.
- Verzeihen Sie, aber es fällt mir schwer, das zu glauben. Sie meinen, daß Marie-Paule ihn trotz allem sehr gern hatte?
- Das ist einfach so. Ich kann's nicht besser erklären.
- Und er? Erschien er Ihnen beunruhigt? Hatte er Ihnen etwas erzählt?
- Nicht richtig. Aber ich hatte schon so ein Gefühl, daß irgendwas nicht stimmt.
- Und er hat Ihnen niemals wirklich erzählt, was man ihm vorwarf?
- Nein, nie.
- Trotzdem wußten Sie es. Sie waren beunruhigt. War die Polizei schon vorher gekommen?
- Ja, einmal. Aber vor allem waren es die Mädchen. Marie-Paule hat gar nicht mehr mit weinen aufgehört.
- Was meinen Sie warum?
- Ich weiß nicht. Sie hat sich vielleicht wegen irgendwas Vorwürfe gemacht.

– An welchem Tag war das?

– An dieser Tür, da, hinter Ihnen, ich kann sie nicht angucken, ohne daß ich weinen muß, an die haben sie geklopft, und dann ist sie hinter ihm zugegangen, das steckt mir immer noch in den Knochen. Es war im September, am 21., gucken Sie den Kalender an. Das ist der von '91, ich hab' keinen andern mehr gekauft. So einer war auch bei meinen Eltern, man muß die Seiten abreißen. Ich hab' immer die gleiche Art gekauft. Ich hatte sie im Traum gesehen. Und ich glaub' an Träume.

– Wen hatten Sie im Traum gesehen?

– Die beiden Männer, die ihn abgeholt haben.

– An dem Tag schliefen Sie noch, wie Sie mir erzählt haben.

– Ich hatte in der Nacht vorher davon geträumt. Und auch schon vorher mehrmals. Immer das gleiche, ein blauer Renault und die beiden Bullen, die raufkommen.

– Also haben Sie doch etwas geahnt?

– Natürlich. Zwei Tage vorher schon hab' ich gedacht, ich hör' Geräusche im Treppenhaus, und dann hab' ich durch den Spion geguckt, aber da war niemand.

– Wunderte sich Lucien nicht, Sie so zu sehen?

– Doch, er hat zu mir gesagt: »Komm ins Bett, mein Herzchen.« Er schlief nicht gut. Das finden Sie sicher komisch, »mein Herzchen«, das würde besser zu einer Jüngeren passen, was? Aber so ist das. Er hat mich immer so genannt. Es war gerade halb acht, als sie geklingelt haben. Ich bin aus dem Bett gesprungen.

– Und Lucien blieb liegen?

– Nein, ich hab' doch gesagt, er konnte nicht gut schlafen, ich habe ihn gehört, er war im Bad.

– Aber ich dachte, er war Nachtwächter. Warum war er zu Hause?

– Er hatte aufgehört zu arbeiten.

- Hatte er aufgehört, oder war er entlassen worden?

- Sagen wir, es gab einen Personalabbau. Und das trifft immer die Ältesten. Mit fünfundfünfzig ist man für die alt.

- Sie glauben nicht, daß es wegen der Ermittlungen war?

- Nein. Na gut, vielleicht. Es hat da so Gerüchte gegeben. Die Leute sind so schlecht, liegen immer auf der Lauer.

- Und diese Gerüchte sind nicht bis zu Ihnen gedrungen?

- Doch, zwangsläufig.

- Was erzählte man sich?

- Daß er sich mit den Mädchen arrangierte.

- Was heißt das, »arrangieren«?

- Daß er was mit ihnen hatte. Zuerst mit meiner Tochter. Überlegen Sie sich das mal!

- Erinnern Sie sich, wann das genau war?

- Ja, das war, als ich operiert wurde, '87. Und dann im Jahr danach. Diesmal war's mit seiner eignen Tochter.

- Und glaubten Sie es?

- Nein. Ich konnte das nicht glauben.

- Waren Sie lange im Krankenhaus?

- In der Klinik. Einen Monat.

- Und als Sie zurückkamen, fiel Ihnen nichts auf? Alles war wie vorher?

- Alles war normal. Und dann hab' ich mir gesagt, daß die Menschen wirklich schlecht sind.

- Aber dennoch, als es dann mit Maud erneut anfing, wann war das? Hat Sie das nicht verunsichert?

- Das ist immer von den gleichen Leuten gekommen.

- Von wem?

- Das kann ich nicht sagen. Die waren neidisch auf uns.

– Aus welchem Grund?

– Wir haben uns gut verstanden, wir hatten uns ein Auto gekauft, wir haben uns ein bißchen abseits gehalten, versteh'n Sie, in diesem Viertel wohnen ja nicht grad die besten Leute.

– Also lebten Sie einfach weiter wie zuvor?

– Ja, warum nicht? Bis zu dem Tag, wo sie ihn vorgeladen haben.

– In dem Moment müssen Sie das doch in einen Zusammenhang gebracht haben?

– Ich will nicht sagen, daß ich keine Ahnung hatte, aber weil er gleich wieder zurückgekommen ist, und er hat auch gar nicht so betroffen gewirkt, da habe ich an was andres gedacht.

– Wirklich?

– Was woll'n Sie denn hören? Können Sie sich nicht vorstellen, daß man mir genug solche Fragen gestellt hat?

– Ich möchte es gern verstehen. Deshalb müssen Sie es mir erklären. Aber wenn es Ihnen lästig ist, sprechen wir jetzt nicht weiter davon.

– Nein, es ist mir nicht lästig, das ist es nicht, aber mit Ihren ganzen Fragen weiß ich bald selber nicht mehr, woran ich bin.

– Wollen wir einen Moment aufhören?

– Ja, gern.

– Ich weiß ja, wo die Küche ist, ich mache einen Kaffee.

– Ja, der wird mir gut tun.

– Wollen Sie nicht was reinmachen? Einen kleinen Schuß Milch?

– Nein, danke ... Und als die Polizei gekommen ist, haben sich Ihre Töchter da nicht gerührt?

– Ich nehme einen Schluck rein. Das baut mich auf. Nein, sie haben sich nicht gerührt. Ich kannte sie, diese

Bullen, der eine wohnt ganz in der Nähe von uns, in *Les Roitelets.*

- *Les Roitelets*, das ist wohl der schlimme Wohnblock hier?

- Oh, ja! Die würden besser dran tun, sich darum zu kümmern, als . . .

- Als was?

- Immer irgendwelche Geschichten. Geklaute Autos, Autoradios. Sogar Drogen, zumindest erzählt man sich das. Aber nein, sie kümmern sich nicht drum.

- Wer, die Polizei?

- Ja, die Polizei, die Stadtverwaltung, die Politiker. Der Vignole macht auch Politik, das ist der, der Lucien abgeholt hat, mit noch einem andren, einem älteren, den ich nicht gekannt habe.

- Politik? Was wollen Sie damit sagen?

- Er ist in ihrem Syndikat. Ich sage, der muß da irgendwelche Abmachungen haben, damit er sie in Ruhe läßt, die in *Les Roitelets*.

- Sie meinen, die Polizei wird bestochen? Gekauft? Das ist doch schlimm, oder?

- Ich sage, was ich sage. Mehr weiß ich nicht davon. Aber man hat ja erst neulich in dem Film gesehn, wie das geht, das ist ja nicht nur bei uns. Die genieren sich gar nicht bei der Polizei, einfach zu kassieren. Und dann, guten Abend, dann machen sie die Augen zu. Diesen Vignole habe ich schon als Kind gekannt, seine Eltern waren auch von hier, er ist mit meinem ältesten Sohn zur Schule gegangen.

- Also Sie haben die Tür geöffnet?

- Ja, ich hab' nicht mal mehr Zeit gehabt, mich anzuziehen oder mich zu kämmen, ich hätte denen niemals aufmachen dürfen, das ist meine Schuld, alles, was danach passiert ist.

– Aber was konnten Sie schon tun?

– Ich hätte das nicht tun dürfen. Vielleicht, wenn ich ihnen gesagt hätte, daß er nicht da ist, hätte er Zeit gehabt wegzulaufen.

– Aber glauben Sie, das hätte etwas genützt? Er wäre weggelaufen, sagen Sie, aber wohin?

– Ich weiß nicht, ich sag' das nur so. Ja, wohin wär' er gegangen? Wir sind ja nur kleine Leute, wir haben kein Geld. Die Großen, die kommen immer irgendwie davon, aber wir müssen zahlen.

– Also hatte sich die Polizei doch schon eine Zeitlang mit Lucien beschäftigt?

– Ich hab' Ihnen doch gesagt, ich weiß es nicht. Er war unterwegs, er kam und ging, er hat mir nicht immer Bescheid gesagt. Aber für mich ist das alles hinter unsrem Rücken gelaufen. Also, ich hab' ihnen aufgemacht und hab' Lucien gerufen.

– Meinen Sie, er hatte nichts gehört?

– Nein, das war so ein Reflex. Ich hätte ihn ohrfeigen können, diesen Vignole, mit seiner Piepsstimme und diesem: »Monsieur Dumonchel, wohnt der hier?« Als wenn er nicht wüßte, wer wir sind. Dumonchel ist ein Name aus dem Norden, dabei ist Lucien gar nicht hier geboren.

– Ich glaube, das ist Vorschrift, die Identität zu überprüfen.

– Was weiß ich denn? Ich hab' gedacht, ich kipp' um. Schon bei dem Gedanken, ich nehm' lieber eine Tablette, ich bin viel zu aufgeregt.

– Nehmen Sie immer etwas ein, wenn Sie sich schlecht fühlen?

– Immer. Der Doktor hat mir neue verschrieben, an die alten hab' ich mich zu sehr gewöhnt, die hier sind stärker, hat er gesagt, und ich soll nicht zu viel nehmen, aber so, wie's mit mir steht . . .

- War Lucien bereit?

- Bereit wozu?

- Zu gehen.

- Ich war jedenfalls außer mir, ich hab' mir gesagt, sie nehmen ihn mir weg, wer weiß, ob sie ihn nicht dabehalten. Und was hat er dann zum Anziehen?

- Haben Sie das gesagt? Haben Sie etwas getan? Haben Sie Kleidung, Wäsche, Socken zusammengepackt?

- Ja, das hat der andre zu mir gesagt: »Sie müssen Sachen zusammenpacken.« Aber ich hab' nicht mehr gewußt, wo mir der Kopf steht. Ich sage Ihnen, es war ein Reflex, ich bin da wie angewurzelt steh'ngeblieben.

- Haben die Polizisten was zu Ihnen gesagt? Wo standen sie eigentlich? In der Diele?

- Es ist schwer, sich zu erinnern. Ist ja vier Jahre her, jetzt, ich glaube, der andre, ich weiß nicht, wie er heißt, hat mich zurückgeschubst, um reinzukommen.

- Zurückgeschubst? Haben Sie sich ihnen in den Weg gestellt?

- Ich hab' gar nichts mehr verstanden, ich war wie gelähmt, alles hat sich in meinem Kopf gedreht, und ich hätte mir gewünscht, daß Lucien nicht kommt. »Was wollt ihr von Lucien?« hab' ich gesagt. Sie haben nicht geantwortet.

- Sie haben nichts gesagt?

- Doch, der Vignole hat gesagt: »Lassen Sie uns doch reinkommen«, und der andere hat auch noch was gemeint, ich erinner' mich nicht mehr.

- Und Ihre Töchter, kamen sie heraus?

- Das sind nicht »meine Töchter«, das waren mal »meine Töchter«, aber das ist vorbei. Die sind in ihrem Zimmer geblieben. Es war wohl nicht der beste Moment, um sich blicken zu lassen. Und dann habe ich Lucien gehört. Es drückt mir immer noch das Herz zusammen, er hatte nicht mal Zeit, seinen Kaffee auszutrinken. Und das ihm! Ohne seinen Kaffee am Morgen ist er doch kein Mensch!

- Hatte er damit gerechnet?

- Kein bißchen! Er ist zur Tür gekommen und hat Jean-Marc Vignole die Hand entgegengestreckt. Er hat gesagt: »Wie geht's, Monsieur Vignole?« und ich hab' geweint und geweint!

- Also vermuteten Sie, daß es sich um etwas Schlimmes handelte?

- Was Schlimmes, o ja, wissen Sie, wenn man die sieht, das bedeutet nie was Gutes, aber deswegen gleich zu denken . . .

- Was zu denken? Daß er verurteilt werden würde?

- Verurteilt? Ich war ja noch weit weg davon zu denken, daß man diesen ganzen Dreck auspacken würde. Wie hätte ich da ahnen können . . .

- Manchmal habe ich den Eindruck, daß Sie mir nicht alles sagen, daß Sie nicht ehrlich zu mir sein wollen.

- Aber ja, ich bin ehrlich zu Ihnen, ich bin immer ehrlich, das ist sogar ein Fehler von mir, ich sage alles, was ich auf dem Herz hab'. Nur, ich erinner' mich vielleicht nicht mehr so richtig. Bei den ganzen Medikamenten ist das kein Wunder.

- Aber dennoch, wenn ich ehrlich zu Ihnen bin, muß ich Ihnen nach dem, was Sie vorhin sagten, gestehen, daß ich es nicht glaube. Ich kann nicht glauben, daß Sie völlig überrascht waren von dem, was an diesem Morgen geschah.

- Aber das sage ich doch nicht!

- Doch, Sie sagen, daß Sie nicht erwarteten, daß man ihn abholt.

- In einer Hinsicht nicht, nicht so schnell. Aber dann die ganzen Geschichten, die sie erzählt haben. Und der

Prozeß und das alles. Ich hätte nie gedacht, daß diese Maud solche Erfindungen erzählen wird. Aber andererseits hab' ich schon Bescheid gewußt. Ich hab' zwangsläufig Bescheid gewußt über das, was die ausgeheckt haben, die Mädchen, weil ich sie einmal gehört hab', als sie nicht wußten, daß ich da bin.

- Sie sagen ausgeheckt? Was meinen Sie damit?

- Das war Maud. Sie wollte Marie-Paule zwingen zu reden.

- Zu reden?

- Schlecht über Lucien zu sprechen.

- Schlecht?

- Ja, daß er nicht anständig mit ihr war und so weiter. Marie-Paule hat geweint und geweint! »Weißt du, wie man so einen Kerl nennt? Weißt du, was der verdient?« hat die andre, die Maud gesagt. »So einen Kerl!« Ihr eigener Vater! Im ersten Moment hatte ich Lust, Lucien alles zu erzählen, dann habe ich wie immer alles für mich behalten.

- Vorhin haben Sie das Gegenteil behauptet.

- Ach so? Ich habe das Gegenteil behauptet?

- Ja, daß Sie unfähig seien, etwas für sich zu behalten.

- Ach so, aber das ist doch was anderes! Ich wollte Lucien nicht damit belästigen.

- Sie wollen Lucien schützen, nicht wahr?

- Aber das ist doch die Rolle der Frau, oder nicht? Ich bin seine Frau, und ich will nicht, daß ihm was Böses zustößt. Ganz davon abgesehen, wenn es gestimmt hätte, wär' ich die erste gewesen . . .

- Was zu tun? Ihn anzuzeigen?

- Ich wär' nicht bei ihm geblieben.

- Aber später dann, als der Prozeß stattfand, hat sich das dann nicht für Sie zusammengefügt? Was Sie von den Mädchen gehört hatten und was die Zeugen, der Richter gesagt haben. Und außerdem vorher schon diese Gerüchte.

– Nein, für mich hat das alles nicht so viel damit zu tun. Nur, daß sie vielleicht . . . Also, ich habe nur gemerkt, daß jemand sie . . . ich meine, daß sie sich abgesprochen hatten.

– Und denken Sie das immer noch, hat nichts Ihre Überzeugung erschüttert?

– Er war ganz blaß, mein Lucien, ich habe Ihnen schon gesagt, er konnte doch nicht einfach so weggehen, ohne was im Bauch, das ist schlecht für ihn, und ich, ich hab' nur dagestanden und immerzu geweint, bis er gesagt hat: »Hör auf, mein Herzchen, bring mir lieber meine Tasche.«

– Seine Tasche? Sie hatten ihm schon eine Tasche gepackt? Also waren Sie vorbereitet und er auch?

– Das ist nur so eine Redensart. Er mußte doch irgendwas mitnehmen.

– War die Tasche nun fertig, oder haben Sie erst gepackt?

– Was macht das für einen Unterschied? Vielleicht hatte ich schon irgendwie dran gedacht, zwei, drei Sachen bereitgelegt, einfach so, ohne dran zu glauben. Das einzige, was zählt, ist, daß er an diesem Abend zum Schlafen ins Gefängnis gegangen ist.

– Erzählen Sie noch mehr. Beschreiben Sie mir die Szene. Die Polizisten standen da, in der Diele, und Sie sind dort hinausgegangen?

– Ja, da, zum Schlafzimmer, im Flur sind die Kleiderschränke.

– Haben Sie die Männer gehört? Haben sie sich unterhalten?

– Ich habe es nicht richtig gehört, das Radio in der Küche war an.

- Maud?

- Ja, Maud.

- Und Marie-Paule?

- Ich weiß nicht, sie hat wohl geschlafen. Ich habe nur gehört, daß Lucien gesagt hat: »Mit Verlaub, bitte duzen Sie mich nicht.« Das stimmt doch, es gibt keinen Grund, jemand zu duzen, egal, was er gemacht hat, was geht die das an?

- Natürlich. Da haben Sie recht. Und das war alles?

- Wissen Sie, ich war ja nicht lange weg. Als ich wiedergekommen bin, hat Lucien am Fenster gestanden und geraucht.

- Raucht er viel?

- Nein, nicht viel, nur wenn er nervös ist. »Fertig?« hat Vignole gefragt. Da konnte ich mich nicht mehr beherrschen: »Sie haben es wohl sehr eilig, was?« hab' ich zu ihm gesagt. »Sie wissen genau, daß er nichts gemacht hat, Sie wissen genau, daß er nichts gemacht hat.«

- Und was hat er Ihnen geantwortet?

- Nichts, er hat nur die Schultern gezuckt und ein Gesicht gemacht – als wenn ihn das Ganze einen Dreck angeht. Die haben sich vielleicht gefreut!

- Sie glauben, daß sie sich gefreut haben, daß es ihnen Spaß macht, jemanden zu verhaften?

- O ja, ganz bestimmt. Und außerdem, das ist wie bei den Strafzetteln. Sie müssen eine bestimmte Zahl schaffen.

- Eine bestimmte Zahl wovon?

- Von Prozessen, Verhaftungen, Ermittlungen. Deswegen stöbern sie überall rein. Stecken die Nase in die Angelegenheiten der Leute.

- Finden Sie denn nicht, daß man die Polizei braucht? Sie ist doch auch nützlich?

- Da sag' ich ja gar nichts. Aber sie sollen sich einfach

nur um die Verbrecher kümmern, und an denen fehlt es nicht, schon allein in *Les Roitelets*.

- Und dann sind sie gegangen?

- Ja. Lucien ist vorgegangen, und er hatte trotzdem noch Zeit mir zu sagen: »Weine nicht, mein Herzchen, es ist nicht für lange.« Und wir haben uns umarmt. »Das sagst du«, hat Vignole gemeint. Ich wollte das nicht sehen, ich habe die Tür zugeknallt.

- Hatten Ihre Töchter etwas bemerkt?

- Ich habe gerufen, mir war wirklich nicht gut, und dann ist die andre gekommen.

- Maud? Ihre Tochter hat nichts gehört, sie war immer noch in ihrem Zimmer?

- Ja, die andre ist gekommen. Mir ist der Atem stehengeblieben, ich habe rot gesehen! Mir wurde so schlecht, ich weiß nicht mal, was dann passiert ist.

- Wo waren Sie? Beschreiben Sie es mir.

- Ich war direkt da, auf der kleinen Couch, die wir gerade gekauft hatten, kleiner Fernsehsalon nennen sie das, mit zwei Sesseln und einem kleinen Tisch. Immerhin habe ich geschafft, die Couch zu behalten.

- Was meinen Sie damit?

- Wir hatten auf Raten gekauft, zusammen mit einem neuen Fernseher, und wie soll ich das alles allein bezahlen nur mit meinem Lohn? Also sind sie gekommen und haben alles weggenommen.

- Aber den Fernseher haben Sie noch?

- Glücklicherweise, was soll ich ohne den anfangen! Er leistet mir Gesellschaft. Nein, das ist ein andrer, ich habe mir wieder einen gekauft. Aber ich war fast ein Jahr ohne, ich kann Ihnen sagen!

- Was sehen Sie sich an?

- Alles. Aber am liebsten die Spiele. Um sechs Uhr ist *Champion*, um halb acht kommt . . . und dann noch

Champs-Elysées, das heißt jetzt *Studio Gabriel*. Der Arme, er hat vor kurzem seine Mutter verloren.

- Wer hat seine Mutter verloren?

- Drucker. Was bei ihm gut ist, sind die Imitatoren. Die Politiker, die erkennt man immer. Das ist gut gemacht.

- Warum finden Sie, daß das gut gemacht ist?

- Sie sind alle gleich, alle. Es gibt keinen, der besser ist als die andren.

- Fand Lucien das auch?

- Ja, o ja! Er hatte genug unter ihnen gelitten. Als man ihm seine Auslandsreisen vorgeworfen hat. Als wenn die sich genieren würden!

- Ich verstehe nicht, wovon Sie sprechen. Davon haben Sie mir noch nicht erzählt.

- Früher, er war noch nicht mal zwanzig, war er in der Armee, hat seinen Armeedienst gemacht, und man wollte ihm anhängen, daß er in irgendwelche Schmuggeleien verwickelt war.

- Schmuggeleien?

- Ja, irgend so eine Geschichte in Indochina, halt Schmuggel. Wie heißt das Geld da unten?

- Sie meinen Piasterschmuggel?

- Damit hatte es irgendwie zu tun. Die Politiker dagegen, die haben ganz was andres beiseite geschafft! Aber die, kein Problem. Sie versteh'n sich untereinander. Wohlgemerkt, er konnte beweisen, daß er nichts damit zu tun gehabt hat. Aber das hinterläßt Spuren, und nachher rücken sie dir immer wieder auf die Pelle.

- Er hat seinen Militärdienst in Indochina geleistet? Aber die Soldaten dort, waren das nicht Freiwillige, Söldner, eine Berufsarmee?

- Woher soll ich das wissen? Ich kenn' mich da nicht aus.

– Kommen wir zu jenem Tag zurück. Was ist danach geschehen?

– Ich weiß nicht, was mir im Kopf rumgeschwirrt ist, lauter Gedanken, ich hatte den Fernseher angemacht, automatisch, aber ich hab' nichts gesehen, die Bilder sind vor meinen armen Augen verschwommen. Los, habe ich mir gesagt, ich trete in den Streik, toll, das müßte ich machen, ein richtiger Hungerstreik, um Lulu zu verteidigen, andre machen das für weniger, und ich könnte bestimmt zwei, drei Wochen durchhalten, zum Schluß müssen sie mich mit Gewalt füttern, jeden Abend reden sie im Fernsehen über mich, vielleicht ändern sie dann ihre Meinung. Oder ich fessle mich ans Gitter vor dem Kommissariat. Ich sage Ihnen, ich war nicht ganz richtig im Kopf.

– Und Maud? Was hat sie gesagt, als sie Sie so gesehen hat?

– Ich hab' mir auch gesagt, daß ich mich eigentlich anziehen muß, ich wußte nicht mehr, welche Woche wir haben, ich hab' nur daran gedacht, daß Odette die Neun-bis-siebzehn-Schicht hatte. Ich habe geschrien: »Marie-Paule! Marie-Paule, komm her!«

– Und sie kam immer noch nicht?

– Ich war vielleicht entsetzt, als ich Maud gesehen habe! Bei den Karottenhaaren und diesen Tanzklamotten fragt man sich doch, mit wem man da zusammenwohnt.

– Was für Tanzklamotten? Hat sie getanzt?

– Ja, moderner Tanz, also trug sie immer solche Riesenstrümpfe, um sich warmzuhalten. Und so hat sie vor mir gestanden, mich angelächelt und mich gestreichelt und rumgeschnurrt: »Was ist denn, Mama? Willst du etwas? Wo ist Lucien? Ist er nicht da? Ist er schon weg?« Da bin ich explodiert! »Ich hab' nicht mit dir gesprochen, du, du verdammte . . .! Warum hängst du um diese Zeit noch hier rum? Und sag gefälligst nicht Mama zu mir!«

- Nennt sie ihren Vater Lucien?

- Ja, das sagt sie schon lange.

- Seit wann?

- Oh, seit sie fünfzehn, sechzehn war.

- Erschien sie Ihnen normal?

- Mit ihren Manieren und dem Umgang, das kann man doch nicht normal finden. Sie war da und stammelte rum: »Guck mal, wie schön das Wetter ist.« – »Ist das alles, was dir einfällt, an dem Tag, wo sie deinen Vater wegholen?« habe ich zu ihr gesagt. Man hätte meinen können, sie findet das lustig: »Ach so«, meint sie, »sie haben Lucien abgeholt?« – »Raus hier, raus hier!« hab' ich geschrien. »Ich will dich nicht mehr sehen!« Und darauf meint sie: »Warum schreist du hier so rum? Wer war das vorhin? Freunde von Lucien?« Da bin ich explodiert: »Das ist alles deine Schuld! Raus hier, raus hier!« Und dann bin ich zusammengeklappt. Und keiner da, der mir hilft. Keiner.

- Nicht mal Ihre Tochter? Worauf wartete sie, um zu kommen?

- Ich kann Ihnen gar nicht sagen, wie das auf mich gewirkt hat, das zu hören: »Wer war das vorhin? Freunde von Lucien?« Wo wir doch ohne sie immer noch eine richtige Familie sein würden, ohne irgendwelche Geschichten.

- Sie sprachen eben von ihrem Umgang. Wer war das? Freunde? Ein junger Mann?

- Oh, an Kerlen gab es bei ihr keinen Mangel! Aber das ging mich schließlich nichts an, darum sollte sich ihr Vater kümmern.

- Und ihr Vater? Sagte der nichts?

- Ich kann nicht gerade sagen, daß er begeistert war.

Einmal, das fällt mir jetzt gerade ein, da sind wir zusammen nach Hause gekommen, Lucien und ich, und sie hat vor unserem Haus auf einem Motorrad gesessen, mit einem Jungen aus *Les Fauvettes*. Sie haben uns nicht geseh'n, waren gerade dabei, sich zu küssen, Sie verstehen schon. Und da habe ich bemerkt, daß Lucien ganz blaß geworden war.

- Wie alt war sie da?

- Siebzehn, achtzehn. Ich hätte sogar beinah eine Bemerkung gemacht, aber ich habe nichts gesagt, er hat wieder Farbe gekriegt, und wir sind zusammen ins Haus gegangen, ohne was zu ihnen zu sagen.

- Meinen Sie, er war wie viele Väter schockiert, als er gesehen hat, daß seine Tochter Umgang mit Jungen hatte? Aber das war doch sicher nicht das erste Mal?

- N . . . nein. Bestimmt nicht. Aber es war nicht nur das. Er war ganz komisch.

- Und als Marie-Paule ihre ersten Flirts hatte, war es da für Sie nicht genauso?

- Marie-Paule paßt besser auf sich auf, sie ist nicht so anmacherisch wie die andre. Aber Lucien hat das ganz bestimmt nicht gefallen. Ich hatte ihn noch nie so gesehen. Ganz blaß! Und dann so wütend, wo er doch normalerweise so sanft ist!

- Sie haben von ihrem Umgang gesprochen. Wer war das noch?

- Eine Dame.

- Eine Dame?

- Ja, eine Frau, ich kann sogar ihren Namen sagen, eine Lehrerin aus der Berufsschule, sie heißt Madame Esposito. Das ist eine Ausländerin.

- Eine Ausländerin?

- Ja, sie ist Spanierin, Esposito ist ihr Mädchenname, sie ist geschieden.

– Aber Sie heißen auch Moretti.

– Bei mir war es der Großvater, der nach Frankreich gekommen ist, wir sind seit drei Generationen hier. Jedenfalls diese Madame Esposito, eine Zeitlang hat Maud ständig bei ihr rumgehockt. Das hat mir gar nicht gefallen.

– Warum nicht?

– Sie hat sich ganz und gar verändert. Vorher war sie ein nettes kleines Mädchen, sehr niedlich, sehr fröhlich, viel mehr als meine eigene Tochter, ich schäme mich nicht, es zuzugeben, aber danach ist sie unverschämt geworden, aufsässig, vor allem zu ihrem Vater. Sie hat ihm die Stirn geboten, das muß man sich mal vorstellen!

– Und was sagte ihr Vater dazu?

– Nichts. Er hat nichts gesagt, sie hat immer das letzte Wort gehabt.

– Was hat diese Lehrerin unterrichtet?

– Französisch, eine Spanierin, überlegen Sie sich das mal! Und außerdem frag' ich mich, wozu man eine Französischlehrerin braucht, wenn man Buchhaltung lernt. Na ja, heutzutage . . . Aber diese Frau, davon wird mich keiner abbringen, sie hat einen schlechten Einfluß auf Maud gehabt. So sehr, daß . . .

– Daß was?

– Ich will ja nichts sagen. Aber ich weiß nicht, was passiert ist, einmal haben wir sie getroffen, diese Dame, im Einkaufszentrum, und Sie hätten sehen müssen, wie sie ihn angeguckt hat.

– Wen?

– Lucien. Maud hat gesagt: »Das ist meine Französischlehrerin.« Ich habe guten Tag gesagt, sie hat nicht geantwortet, aber sie hat Lucien angeguckt, mit einem Ausdruck, sage ich Ihnen! Was haben sie und Maud wohl . . .

– Also müßten sich alle gegen Sie verbündet haben?

Die Lehrerin von Maud, die Nachbarn, Ihre eigene Tochter? Können Sie sich das vorstellen?

– Oh, Madame, wir sind kleine Leute! Wir sind ohne jeden Schutz.

1. Oktober 1995

DRITTES GESPRÄCH
DAS VIERTEL

– . . . aber fühlen Sie sich hier wohl? Wohnen Sie schon lange in dem Viertel?

– Als wenn ich eine Wahl gehabt hätte!

– Wie meinen Sie das?

– Wenn ich die Wahl gehabt hätte, ich glaub' nicht, daß ich dann hierher gezogen wär'.

– Warum? Fühlen Sie sich nicht wohl?

– Ach was, wohl fühlen, nicht wohl fühlen! Aber wenn ich die Wahl gehabt hätte, hätte ich's bestimmt vermieden. Das ist keine Gegend, also, wie soll ich sagen, gucken Sie sich doch an, was in *Les Roitelets* alles passiert.

– Ja, Sie haben erzählt, daß es eine ziemlich verrufene Gegend ist.

– Ich kann es Ihnen nicht richtig erklären, aber auf jeden Fall hat sie keinen guten Ruf.

– Wären Sie lieber in der Stadt, in Saint-Colmer geblieben? Dort sind Sie doch geboren, nicht wahr?

– Ja, in Saint-Colmer. Nein, wenn wir gekonnt hätten, hätt' ich mir lieber ein Häuschen bauen lassen. Weil, in der Stadt, da ersticke ich. Sogar zum Einkaufen, ich red' von vorher, jetzt fahr' ich nie hin, nicht mal zum Einkaufen, hier ist doch alles, was man braucht. Einkaufszentrum und alles.

– Ja, ich habe es bei der Herfahrt gesehen.

– Es gibt noch ein anderes, da, wo ich gearbeitet habe, davon habe ich Ihnen erzählt, SurGrand. Nein, hier wär's schon in Ordnung, es gibt den Bus, der zum Bahnhof von Saint-Colmer fährt, und von da ins Zentrum, wo die Ämter sind, Sozialamt, Rentenamt, nein, da kann man sich nicht beklagen. Aber ein Häuschen, das ... das war immer mein Traum.

- Auch für Ihren Mann?

- Nein, er hat sich hier wohl gefühlt.

- Hier, in dieser Wohnung?

- Ja, sehr. Vorher war er mal hier, mal da, sogar eine Weile im Ausland.

- Ja, das hatten Sie erzählt, in Indochina. Als Soldat.

- Nein, keineswegs, sondern geschäftlich.

- Aber Sie haben doch neulich darüber gesprochen, Sie haben erzählt, daß er dort seinen Militärdienst geleistet hat. Sie sagten sogar, er sei in eine Schmuggelaffäre verwickelt gewesen, man kann es ruhig aussprechen.

- Ach ja, das habe ich Ihnen erzählt? Das ist gut möglich.

- Natürlich. Erinnern Sie sich nicht?

- Ach, ich komm' ganz durcheinander, mein armer Kopf ist ganz verwirrt. Das ist alles vorbei und vergessen. Das sind solche Einzelheiten.

- Und danach haben Sie ihn auch nie gefragt?

- Er hat nicht so gern drüber gesprochen. Doch, doch, das hat ihn ganz schön geprägt. Es war nicht gerecht, er wurde wegen was abgestempelt, was er nicht gemacht hatte. Das hat er ihnen übelgenommen.

- Wem?

- Den ganzen Politikern. Ansonsten, nein, da hat er mir nichts erzählt. Und ich bin auch nicht neugierig. Ich stell' niemals Fragen.

- Auch nicht den Mädchen? Auch nicht Ihrem eigenen Mann?

- Nein, ich sag' Ihnen doch, ich bin nicht neugierig.

– Finden Sie nicht, daß es normal ist, seinem Mann Fragen zu stellen, demjenigen, mit dem man zusammenlebt?

– Das ging mich nichts an.

– Luciens Angelegenheiten gingen Sie nichts an? Aber später, als es all diese . . . diese Geschichten gab . . . haben Sie sich da nicht gesagt . . .

– Ich hab' mir gar nichts gesagt, das ist nicht meine Art, ich will keine Geschichten. Wenn alle so wären wie ich . . .

– Lucien hatte wirklich Glück mit Ihnen, was?

– Ich weiß nicht. Eher hatte ich Glück. Wissen Sie, als ich ihn kennengelernt habe, hatte ich nicht mehr so große Hoffnung.

– Hoffnung?

– Ja, mein Leben neu anzufangen. Mit zweiundvierzig. Das ist spät für eine Frau. Ich sage immer, mit vierzig ist es für eine Frau zu Ende.

– Meinen Sie?

– O ja, das Beste ist für sie vorbei.

– Und für einen Mann nicht?

– O nein, bei einem Mann ist es was ganz andres! Er hat das Leben noch vor sich. Er kann eine neue Familie gründen, Kinder kriegen.

– Eine Frau von vierzig auch.

– Ja, vielleicht, aber gerade so. Man wird schnell müde, man ist nicht mehr so geduldig.

– Wollte Lucien Kinder mit Ihnen haben?

– Ja. Ich wollte nicht.

– Tut es Ihnen jetzt leid?

– Manchmal ja.

– Sie denken, das hätte alles geändert?

– Vielleicht. Vielleicht auch nicht.

– Also er lebte gern hier?

– Ja, ein Häuschen, ein Garten, das bedeutet ihm nichts. Er ist ein Mann, der lieber drinnen ist.

– Aber Ihnen fehlt es, ein Garten, Blumen, nicht wahr? Man muß sich nur Ihren kleinen Balkon ansehen.

– Sogar vor dem Küchenfenster habe ich welche. Und oft hat mir Lucien was mitgebracht. Ein Töpfchen hiervon, ein Töpfchen davon. Chrysanthemen. Das soll eine Friedhofsblume sein, aber ich finde nicht. Ich war gern auf dem Land. Früher gab es das Viertel hier nicht, da waren kleine Gärten, mein Vater hatte auch einen, ich hab' nie wieder so guten Salat gegessen. Ich bin nicht weit weg von hier geboren, direkt in Saint-Colmer, am Stadtrand, nicht weit von hier, und mein Vater hatte ausgerechnet hier einen kleinen Garten. Das ist komisch, was? Das war ein gutes Leben.

– Besser als jetzt?

– Wie soll ich sagen? Wir waren Gören, wenn man jung ist, hat man keine Sorgen, stimmt's? Meine Brüder und ich hatten jedenfalls gute Eltern.

– Hatten Sie mehrere Brüder?

– Drei. Ich war der kleine Nachkömmling.

– Was ist aus Ihren Brüdern geworden?

– Einer ist in Marokko gestorben, der älteste, als Soldat, ein andrer hat sich mit dem Auto umgebracht, und den mittleren habe ich aus den Augen verloren.

– Das scheint Sie nicht sehr traurig zu stimmen?

– Nach all dem, was ich erlebt habe, hab' ich keine Tränen mehr übrig, wissen Sie. Aber wir haben uns gut verstanden, nur, als ich ungefähr fünfzehn war, haben wir uns getrennt. Der älteste ist eingezogen worden, nach Algerien . . .

– Sie sagten doch in Marokko?

– Ja, entschuldigen Sie, nach Marokko, und da haben sie ihn getötet. Man hat ihn in einem Zustand gefunden, er sah wahrlich nicht mehr schön aus. Und deswegen gefällt mir *Les Roitelets* nicht, mit denen allen.

- Gibt es viele Araber im Viertel?

- Nicht so viele wie anderswo, in Donon zum Beispiel, aber immer noch genug.

- Die können nichts für den Tod Ihres Bruders. Wir haben gegen sie Krieg geführt.

- Das sage ich ja nicht, aber sie sind grausam.

- Grausam?

- Ja, sie mögen uns nicht.

- Das ist ein riesiges Viertel hier. Das ist die Cité Maurice Arnaud, nicht wahr?

- Das möchte ich meinen, ich glaube, wir sind mindestens dreitausend Einwohner. Ja, Maurice Arnaud.

- Wissen Sie, wer das war, dieser Maurice Arnaud?

- Irgend jemand hat mir erzählt, daß er in der Résistance war. Daß er erschossen wurde. Aber mehr weiß ich nicht.

- War die Résistance sehr stark hier in der Gegend?

- Wissen Sie, im Krieg war ich gerade mal sechs Jahre.

- Trotzdem.

- Und außerdem ist das alles Politik. Da misch' ich mich nicht ein. Ich habe seit zehn, fünfzehn Jahren nicht gewählt.

- Résistance, Kollaboration, das ist für Sie Politik?

- Aber ja. Es sind doch immer dieselben, die ihren Kopf aus der Schlinge ziehen, die sich fein durchschlagen.

- Wer denn?

- Na, die Großen.

- Aber Sie haben erzählt, Maurice Arnaud wurde erschossen.

- Ja. Er war dreiundzwanzig. Das steht auf der Tafel. Ich sag' ja nichts, es tut mir leid für ihn, aber er wird schon einen Grund gehabt haben zu tun, was er getan hat.

- Und Ihre Eltern? Erinnern Sie sich, was Ihre Eltern während des Krieges sagten?

- Mein Vater ist '10 geboren. Er war Gefangener, aber er wurde als Ernährer der Familie freigelassen. Ansonsten hat er nie was gesagt. Alles was ich weiß ist, daß er es geschafft hat, seine Kinder großzuziehen, und das hat nichts mit Politik zu tun.

- Sie sagen, das Viertel hat dreitausend Einwohner?

- Ja, aber die sind nicht alle aus Saint-Colmer, viele arbeiten in Turquain, in Donon, manche sogar in Lille.

- Vor dem Fenster sieht man mehrere Wohnblöcke. Wie viele sind es?

- Fünf. Es ist hart, das immer vor Augen zu haben, manchmal macht es mich ganz deprimiert. Deswegen habe ich die Couch andersrum gestellt.

- Aber man spürt doch, daß sie sich Mühe geben, es sieht so aus, als wären die Kästen vor kurzem frisch gestrichen worden, stimmt das?

- Ja, im letzten Sommer. Das war vielleicht eine Baustelle! Und diese ganzen Farben, ich weiß nicht, ob mir das richtig gefällt.

- Es sieht doch fröhlicher aus als grau.

- Grau ist sauber, das paßt gut. Dagegen blau, rosa, grün. Am schlimmsten ist lila. Zum Glück ist das unsers.

- Warum?

- Das sieht man wenigstens nicht, wenn man drin ist. Aber na gut, sie geben sich schon Mühe. Was mir zum Beispiel gefällt, sind die Namen. Jeder Block hat den Namen eines Vogels, in alphabetischer Reihenfolge: Amsel, Buchfink, Drossel und so weiter. Der Vierte ist unserer, *Les Merles*, Schwalbe. Der letzte ist *Les Roitelets*, Zaunkönig. Keiner hat Lust, da drin zu wohnen.

- Und die Aufgänge?

- Buchstaben. Unsrer ist C. Aber die Türen sind gefährlich. Eigentlich waren sie verglast, aber Sie können sich ja denken, wie lange das hält. Es hat einen Unfall gegeben.

- Schlimm?

- Beinah. Eine Frau, sie hat nicht gesehen, daß das Glas kaputt war, natürlich nicht, das Licht im Treppenhaus geht ja auch nur, wenn's Lust hat. Sie ist mit dem Arm durchgesaust. Hat sich eine Arterie aufgeschnitten. Auf jeden Fall hat ihre Tochter ein Tuch drum gebunden und ganz, ganz fest zugeschnürt, und dann hatten sie noch Zeit, sie ins Krankenhaus zu bringen. Da hat sie eine Transfusion bekommen. Sie haben gemeint, sie hatte ungefähr noch eine Tasse Blut, mehr nicht. Ich finde, daß es genausogut wär', wenn sie die gegen richtige Türen austauschen würden. Und ohne Scheiben ist es verdammt kalt! Ein Wind ist das! Neulich, das war vielleicht blöd, da war gar keine Scheibe mehr drin, und ich wollte ganz automatisch die Tür aufstoßen und stand gleich auf der Außentreppe, na ja, fast jedenfalls. Bei einer Arterie, das haben sie uns in der Schule erzählt, muß man zwischen dem Schnitt und dem Herz abschnüren. Ich frag' mich, warum ich mir das gemerkt hab'. Na ja, manchmal kann es helfen, ist ja der Beweis. Das sag' ich doch immer, Schule ist in Ordnung, aber man stopft den Kindern auch lauter Zeug in den Kopf, das gar nichts nützt.

- Als ich vorhin ankam, habe ich so einen seltsamen Geruch gespürt. Man hat nicht viel gesehen bei dem Nebel, beinahe hätte ich die Abfahrt von der Zufahrtsstraße verpaßt, aber da war dieser Gummigeruch.

- Klebstoff. Im Herbst und im Frühling, wegen dem Nebel. Das ist die Fabrik. Ein japanisches Werk, das baut Spielzeuge, Plastikroboter. Ich sage Ihnen, wenn das losgeht, bleibt das tagelang, das hält sich ganz tief in der Nase, du hast das Gefühl, du ißt das Zeug. Wir haben eine Eingabe gemacht, aber das nützt nichts.

- Gibt es gemeinsame Aktivitäten im Viertel, Vereine oder so?

- Von wegen. Hier heißt es jeder für sich. Ich unterschreibe ihre Zettel nie, da steckt doch immer Politik dahinter.

- Mit den Bäumen da drüben wirkt es schon richtig ländlich.

- Nein, das ist nicht ländlich, aber es ist auch keine richtige Stadt. Eben ein Vorort. Aber manchmal sind wir auch nur ein Müllabladeplatz. Direkt hinter *Les Roitelets* stellen die Leute aus Saint-Colmer ihre Wohnwagen hin.

- Dort?

- Nein, da, das sind andere, da wohnen welche drin.

- Das ganze Jahr über?

- Das ganze Jahr. Das sieht nicht grade sauber aus.

- Sie haben erzählt, was hier vorher war. Ein Fluß, Gärten? Die Wohnblöcke wurden vor dreißig Jahren gebaut? Sind Sie gleich zu Beginn hierher gezogen?

- Gleich zu Beginn. Damals war nur ein Block hier, der wurde dann abgerissen, später, irgendwann in den Sechzigern, habe ich meine Wohnung hier gekriegt. Vorher? Ja, das habe ich Ihnen vorhin erzählt, da gab es einen kleinen Fluß, mehr einen Bach, direkt zwischen *Les Merles* und *Les Roitelets*, deswegen sind die Keller in *Les Merles* immer überschwemmt. Der Thénain. So heißt die Zufahrtsstraße da hinten, »Boulevard du Thénain«. Er war niemals ausgetrocknet, nicht mal im Sommer.

- Die Baumreihe dort?

- Nein, das sind andre, viel neuere. Die sind gekommen, als es Klagen wegen dem Lärm von der Autobahn gegeben hat. Die wurden alle neu gepflanzt, das heißt

Lärmschutzhecke, ich weiß nicht, ob das viel ändert. Da ist vielleicht ein Verkehr! Nachts, die ganzen Lastautos! Von früher ist gar nichts übrig geblieben. Sie haben alles niedergewalzt, die von vorher, schöne Bäume, sage ich Ihnen, hundert Jahre alt! Ich sage immer, wenn man einen Baum fällt, ich kann gar nicht sagen, wie mir das weh tut. Um zum Thénain zurückzukommen, ein Teil davon ist überdeckt, im Sommer stinkt das manchmal ganz schön. Aber früher hat man das Wasser genommen, um in den Gärten zu gießen.

– Wo waren die Gärten genau?

– Da, wo die *Platte* ist.

– Die *Platte*?

– Ja, im Einkaufszentrum, so nennt man das. Wenn man sich trifft, sagt man: »auf der *Platte*«. Ja, da waren die Gärten von den Arbeitern. Als ich klein war, bin ich mit meinem Vater hingegangen. Früher habe ich den Mädchen oft davon erzählt. Das hat ihnen nichts gesagt. »Das findet ihr zum Lachen, was?« hab' ich gesagt, »nie wieder hab' ich seitdem so einen Salat gegessen! Und die Mohrrüben, die Erbsen, die Papa dort gepflanzt hat.« – »Du?« Sie haben mich auf den Arm genommen. »Du magst doch nur Zeug aus der Konservendose.« Notgedrungen, wenn man arbeiten muß. Was meinen Sie, wie kalt es manchmal ist auf der *Platte*! Und es zieht! Die Schule war auch nicht weit weg.

– Die Schule Ihrer Kinder?

– Nein, meine. Das ist jetzt alles ganz anders, das Viertel, du findest dich gar nicht mehr zurecht, hast das Gefühl, du läufst kilometerweit! Ich sag' immer: Ich hab' eine Menge von der Welt gesehen, ohne mich von der Stelle zu bewegen!

– Sie sagten, daß Sie nicht besonders gern gelernt hätten?

– Doch, am Anfang, lesen lernen und das alles. Aber als ich ein Stück weiter war, mit zehn, elf Jahren, hat es nicht mehr geklappt, ich wollte nicht mehr hingehen. Es gibt ein Fach, das ich gerne hatte, weil die Lehrerin, die wir hatten, gut erzählen konnte, das war Geschichte. O ja, die Pyramiden, Griechenland, das hat mir alles gefallen, und auch Henri IV., ich erinnere mich noch, »ein Huhn in jedem Topf«! Ich weiß nicht, ob man das den Kindern heute auch noch beibringt.

– Immer noch, das nehme ich zumindest an.

– Auf jeden Fall haben mir meine Kinder nie davon erzählt. Aber Geographie, nein, das hat mir keinen Spaß gemacht. Ich konnte auch nicht gut zeichnen.

– Haben Sie insgesamt gute Erinnerungen an die Schule?

– Nicht gut, nicht schlecht. Doch, einmal haben sie uns ins Theater geführt.

– Was haben Sie gesehen?

– Das kann ich Ihnen nicht sagen! Aber es hat mir sehr gefallen, die Lichter und so, o ja, das hat mir gefallen! Seitdem war ich nie mehr da.

– Und was sonst noch?

– Nichts.

– Wie ist der Alltag so, hier im Viertel?

– Wie überall. Ruhig.

– Und gibt es Orte, wo man sich treffen kann, sich amüsieren, ich weiß nicht was?

– Sie meinen für die jungen Leute? Nicht viel. Eigentlich nichts. Also machen sie Dummheiten. Es gibt einen Plan, ich habe so was gehört, daß man in den Kellern einen Musikklub baut, für ihre Rockmusik, aber ich weiß nicht, wie weit das ist. Ich habe das im *Wochenblatt* gesehen, das ist alles, was ich weiß.

– Lesen Sie Zeitungen?

– Nein, nur das *Wochenblatt*, aber nur so, damit ich auf dem laufenden bin.

– Über Ereignisse, Politik?

– Ach, deswegen nicht, dafür gibt es ja Fernsehen. Und außerdem interessiert es mich kein bißchen. Nein, was hier passiert, irgendwelche Geschichten. Ja, da fällt mir ein, es war mal die Rede von einem Haus für die jungen Leute. Sie hatten ein schönes Haus gekauft, das hatte früher dem Besitzer der Spinnerei gehört, es stand leer, war in einem schlechten Zustand, und sie hatten es für die Jungen eingerichtet, Club und ein kleines Café. Und dann hat es gebrannt. Jetzt muß man alles neu machen. Und inzwischen hängen sie auf ihren Mopeds rum.

– Sie reden von der Jugend, aber es gibt doch auch noch die anderen.

– Die Rentner. Da hänge ich mich nicht rein. Ich weiß, daß es Reisen gibt, im letzten Jahr sind sie nach Thailand gefahren oder auf die Scheysellen, ich weiß nicht genau. Aber das interessiert mich nicht. Auch wenn ich meinen Lucien wiederhabe, das ist nichts für uns. Wir sind zu unabhängig. Und außerdem können wir uns das nicht leisten. Mindestens achttausend pro Person.

– Sie sprechen von den jungen Leuten und den Rentnern. Aber die anderen?

– Die andren?

– Ja, die Leute, die noch arbeiten. Was gibt es für sie? Gibt es ein Kino, eine Bibliothek, irgend so etwas?

– Wissen Sie, wenn man arbeitet und außerdem noch Kinder hat, bleibt nicht mehr viel, und außerdem gibt es doch das Fernsehen. Natürlich gibt es auch die Arbeitslosen.

– Ist das Fernsehen wichtig? Hat es Ihr Leben verändert, im Vergleich zu dem Ihrer Eltern?

– Unheimlich! Bei meinen Eltern hat es das nie gegeben. Ich glaube, sie haben erst '64 oder '65, nach dem Tod von meinem Vater, einen gehabt. Ich habe mir einen gekauft, sobald ich konnte. Schwarzweiß war das damals.

- Was halten Sie davon?

- Das ist eine ganz andere Welt! Man weiß über alles Bescheid, man bleibt nicht außen vor, ich sage immer, das ist ein Fortschritt, da kann man nichts sagen, das ist ein Fortschritt.

- Sie erzählten, Sie sehen vor allem Spiele, Unterhaltung . . .

- Ich muß mich doch ein bißchen ablenken, bei allem, was passiert ist. Das andere gucke ich weniger, weil, da ist was, das ich ihnen übel nehme, sie erklären nicht genug. Geographie und so was, man versteht das gar nicht, diese ganzen neuen Länder. Aber es lenkt ab. Eine Abwechslung. Ohne das wär' man verloren. Was würde man denn sonst für eine Aussicht haben? Ohne Geld ist man gar nichts. Also guckt man fern.

- Ich habe das Gefühl, daß Sie heute nicht mit dem Herzen dabei sind, daß Sie keine Lust haben zu reden, auf meine Fragen zu antworten.

- Nein, aber, ich weiß nicht, wie ich es sagen soll, ich frage mich, wozu das alles gut sein soll.

- Wollen wir einen Moment aufhören.

- Ja, bitte.

- . . . machen wir weiter?

- Ja, wenn Sie wollen.

- Sicher? Was ist passiert?

- Nein, nein, es geht schon, machen wir weiter.

- Aber?

- Manchmal weiß ich nicht richtig, wo es langgeht . . .

- Ich auch nicht. Es hängt alles von Ihnen ab. Von Ihren Antworten.

– . . . und dann wieder habe ich das Gefühl, es geht und geht, ich weiß nicht wohin . . . es geht zu weit.

– Zu weit? Bringe ich Sie dazu, etwas zu sagen, was Sie nicht aussprechen wollen?

– Das ist schon vorgekommen.

– Wann? In welchem Moment?

– Nein, ich kann das nicht so direkt sagen, aber ich habe so ein Gefühl gehabt, oft, daß Sie mich was sagen lassen . . . das, was Sie selber wollen.

– Ich stelle doch nur Fragen.

– Ich finde nicht.

– Ach so? Sie finden, daß ich Sie zu sehr lenke?

– Ja. Man merkt genau, daß Sie irgendwas im Hinterkopf haben.

– Aber nein, ich versichere es Ihnen.

– Doch, doch, das merk' ich ganz genau. Und ich kann es nicht leiden, wenn jemand mich zu was zwingt, wenn jemand mich zum Reden bringt, mir was aus der Nase zieht, wie man so schön sagt.

– Wenn ich diesen Eindruck bei Ihnen wecke, tut es mir leid. Das ist überhaupt nicht meine Absicht. Ich will verstehen. Meine Fragen haben kein anderes Ziel, nur zu verstehen.

– Ach wissen Sie! Ich hab' schon so viel geantwortet, diesen ganzen Leuten! Dem Richter, dem Anwalt.

– Ich bin weder Ihr Richter noch der von Lucien. Ich bin auch nicht Ihr Anwalt.

– Ja. Einverstanden. Aber trotzdem, immer stellen Sie die Fragen.

– Das war doch die Abmachung, oder? Aber Sie können mir auch Fragen stellen.

– Aber ich habe Sie nichts zu fragen.

– Bisher haben Sie doch mitgemacht. Heute nicht. Das ist kein Vorwurf.

– Ich hab' mich gefragt, ob ich weitermachen kann. Ob ich Ihnen noch was zu sagen habe. Ich hab' das Gefühl, daß Sie nicht glauben, was ich Ihnen erzähle. Wie der Richter.

– Nein, ich stelle mir selbst Fragen. Und die Fragen, die ich Ihnen stelle, vielleicht werden sie auch von Ihnen diktiert. Es sind Ihre eigenen Fragen, die ich mir stelle und Ihnen.

– Das stimmt aber nicht immer. Oft erkenn' ich mich gar nicht wieder in dem, was ich sage.

– Also, was machen wir? Machen wir trotzdem weiter?

– Ja, wenn Sie wollen.

– Aber es geht doch darum, daß Sie wollen.

– Nehmen wir an, ich will. Aber das ist nicht endgültig, wenn ich meine Meinung ändre . . .

– Wenn Sie Ihre Meinung ändern, hören wir eben auf. Ist es so in Ordnung?

– Und was machen Sie mit dem, was ich Ihnen sage?

– Was Sie selber wollen. Wir haben vereinbart, daß wir hinterher darüber sprechen. Daß wir danach gemeinsam entscheiden.

2. Oktober 1995
VIERTES GESPRÄCH
LUCIEN

– . . . eigentlich sprechen Sie nicht viel über sich selbst.

– Wohl deswegen, weil's da nichts drüber zu sagen gibt.

– Glauben Sie? Ich finde das gar nicht, im Gegenteil. Es ist schwierig, Sie zu erfassen, zu sehen, wer Sie wirklich sind.

– Oh, ich bin jemand ganz normales, Leute wie mich finden Sie an jeder Bushaltestelle dreizehn auf ein Dutzend.

– Trotzdem, bei all dem, was Ihnen geschehen ist, hat man den Eindruck, daß Sie das nicht, wie soll ich sagen . . .? Also, Sie haben gut durchgehalten.

– Ach, wissen Sie, man erzählt ja nicht alles! Ich hatte auch meine dunklen Momente. Aber unsereiner ist doch daran gewöhnt. Wir sind halt nicht auf der Sonnenseite geboren.

– Auf welcher Seite dann? Wie würden Sie die definieren?

– Das ist schwer zu sagen. Ich hab' nie drüber nachgedacht.

– Aber wenn man Sie danach fragt?

– Wir sind Arbeiter. Arbeiter. Schluß.

– Aber Sie selbst haben doch nicht in der Fabrik gearbeitet?

– Doch, gleich nach der Schule. Insgesamt fast zehn Jahre. Dann mußte ich aufhören. Entlassen.

– Warum?

– Ich hatte keine Qualifikation.

– Wo haben Sie gearbeitet?

- In der Spinnerei, wie mein Vater. Ich hab' aufgehört, dann habe ich nach der Geburt vom Zweiten wieder ein bißchen angefangen. Hier hat man damals keine andere Wahl gehabt. Als die Fabrik geschlossen wurde, war das sehr schlimm für die Gegend.

- Wegen der Arbeitslosigkeit? In welchem Jahr war das?

- '66.

- Was hat das verändert?

- Ich sage Ihnen, das war enorm. Das ist ja nicht nur die Arbeitslosigkeit, das ist einfach nicht mehr das gleiche Leben seitdem. Weil die Bergwerke dann auch zugemacht wurden, '70.

- Warum? Lebte man vorher besser?

- Das würd' ich nicht sagen, aber man fühlte sich weniger allein. Da war'n die Kolleginnen, man hat sich getroffen, rumgealbert, zusammen ein Glas getrunken nach Feierabend. Aber das war auch schon längst nicht mehr so gut wie zu der Zeit von meinem Vater. Obwohl er nicht viel verdient hat. Jetzt dreht sich alles nur noch um Geld. Und man geht aneinander vorbei, ohne sich zu sehen. Und es gibt zuviel Ungerechtigkeit.

- Was für Ungerechtigkeit?

- Daß manche so viel haben und wir, wir haben nichts, gerade genug, um in unserem Eckchen zu sitzen und nicht zu krepieren. Gelinde gesagt.

- Hätten Sie lieber ein anderes Leben gehabt? Träumten Sie von etwas anderem, als Sie ein junges Mädchen waren?

- Ach, wissen Sie, ich hatte nicht so viel Zeit dazu, mit siebzehn hab' ich schon einen Kinderwagen vor mir hergeschoben und im Jahr drauf den nächsten.

- Wollten Sie so jung noch kein Kind?

- Mit sechzehn, begreift man das denn da? Nein, nein,

die Kinder, das hat mir nie leid getan, das ist unser Schicksal als Frau. Vielleicht ein bißchen später und ganz sicher mit einem andren.

- Wie haben Sie Ihren ersten Mann kennengelernt?

- Er war in Untermiete bei meiner Großmutter. Nach dem Tod von Großpapa hatte sie ein kleines Café aufgemacht, und sie hatte zwei oder drei Zimmer für junge Burschen, Junggesellen, die in der Nähe gearbeitet haben. So hab' ich ihn kennengelernt.

- Haben Sie gleich geheiratet?

- Nein, erst, als es passiert ist. Da mußten wir ja. Ich war schwanger. Also hatte ich keine Wahl.

- Ist das gut, unter diesen Umständen zu heiraten?

- Ich sage Ihnen doch, ich hatte keine Wahl.

- Heute fühlen sich viele junge Mädchen und Frauen nicht verpflichtet zu heiraten, weil sie ein Kind erwarten.

- Ach, auf diese Art zu heiraten ist genausogut wie jede andere! Wenn es nicht so eine Wendung mit ihm genommen hätte, warum dann nicht den? Ich erwartete mein erstes, also . . . Alleinstehende Mutter, das hätte meinem Vater nicht besonders gefallen.

- War er wütend, als er erfuhr, daß Sie ein Kind erwarten?

- Weiß Gott! Darüber wird er sich wohl nicht gefreut haben! Er hat seinen Gürtel rausgezogen und zu mir gesagt: »Du wirst mir jetzt sagen, wer es ist«, und so weiter . . . Ja, da war was los! Dabei wußte er es genau, wir waren die ganze Zeit zusammen im Bistro von Großmama. »Ich will keine ledige Mutter in meinem Haus«, und so weiter und so weiter. Damals war das noch schlecht angesehen. Ist schon vorgekommen. Aber normalerweise wurde geheiratet. Meine Mutter hat auch so geheiratet, als sie schon mit meinem ältesten Bruder schwanger war.

- In welchem Jahr war das?

- '51, nein, Ende '50.

- Beschäftigte Sie das, dachten Sie daran, als Sie ihn trafen, wie hieß er doch, Ihr erster Ehemann, ich glaube, Sie haben es mir neulich gesagt.

- André. Nein, darüber haben wir nicht gesprochen.

- Und das beunruhigte Sie?

- Natürlich, die Mädchen denken ja notgedrungen dran, wenn sie eine Beziehung haben. Aber die Männer normalerweise nicht.

- Finden Sie das gerecht?

- Gerecht würde ich nicht sagen. Aber das ist natürlich. Für sie ist das nicht so wichtig.

- Letztendlich doch, wenn sie, wie in Ihrem Fall, am Ende zur Heirat gezwungen sind.

- Na gut. Aber wie soll man das verhindern? Wie denn? Sie werden sagen, es wegmachen. Daran hab' ich schon gedacht, aber da hatt' ich Angst. Und außerdem, ich sage Ihnen doch, ich hab' Kinder gerne. Ich finde, es ist die Natur der Frauen, man hat keine Wahl, man ist so geschaffen. Das ist so seit, seit ... Das war doch immer so, oder nicht, für meine Mutter, meine Großmutter. Und außerdem waren wir so jung, wir haben nicht gewußt, wie man es anstellen soll.

- Natürlich. Es gab ja keine Pille.

- Kannte man damals nicht. Und außerdem, auch später, das war nie was für mich, ich glaub', das ist nicht gut für die Gesundheit. Das macht dick, und man kriegt Krebs ... Nein, später habe ich aufgepaßt. Das sind so Frauengeheimnisse. Auf jeden Fall hat's geholfen. Marie-Paule wollte ich haben.

- Haben Sie mit den Mädchen über diese Dinge gesprochen, als sie älter wurden?

- Nie. Über so was spricht man bei uns nicht. Aber ich

weiß, daß Maud die Pille schon mit zwölf genommen hat, ich hab' die Schachtel gefunden.

- Aber wie war das möglich? Man braucht doch die Erlaubnis der Eltern.

- Ich hab' mir gedacht, daß sie sich die wohl durch eine Freundin besorgt hat.

- Nicht mit Erlaubnis ihres Vaters?

- Nein, ich kann mir nicht vorstellen, daß Lucien seiner Tochter die Pille gibt.

- Warum?

- Ich weiß nicht, ich kann es mir nicht vorstellen.

- Kommen wir zu Ihnen zurück, als Sie fünfzehn, sechzehn waren. Wie haben Sie sich Ihre Zukunft vorgestellt?

- Also wirklich! Ich hab' mir bestimmt nicht gedacht, nein, wenn man mir gesagt hätte, daß ich mal einen Mann im Gefängnis hab'! Nein, mit fünfzehn war ich niedlich, weiter nichts, ich hab' mich damals schon zu dick gefunden, aber ich war eitel, ich hab' das Leben von der guten Seite genommen.

- Sie fanden sich zu dick?

- Ja, und das hat sich auch nicht gegeben. Und dann auch, alles so, die Beine, nein, was wahr ist, muß wahr bleiben, ich war nie eine Schönheit gewesen.

- Was heißt das?

- Na ja, groß, mit langen Beinen. Immerhin hatte ich schöne Haare, die hat Marie-Paule von mir geerbt. Man darf nicht danach gehn, wie es heute ist. Die ganzen Sorgen, das macht sich bemerkbar, ist doch normal, oder?

- Wie waren Sie als junges Mädchen?

- Nicht sehr geschwätzig. Sie bringen mich hier zum Reden, aber von selbst sage ich nicht soviel.

- Stört Sie das?

- Nein, ich gewöhn' mich dran. Aber jetzt kann ich es

Ihnen ja sagen, am Anfang wäre ich beinah' zusammengeklappt. Das hat mich zu sehr an den Prozeß erinnert. Da hab' ich zu sehr drunter gelitten.

*

- Aber Sie wissen doch, daß ich nicht die gleichen Ansichten wie die Richter habe.

- Na aber! Klar, was die wollen, ist, dich in die Ecke zu treiben. Und dann beweis' denen mal, daß du das und das nicht gesagt hast. Man muß auf jedes Wort aufpassen. Ich sag' mir immer: Je weniger man sagt, desto besser ist es.

- Doch nicht im Gespräch mit mir.

- Nein, bei Ihnen ist es was andres.

- Also, erzählen Sie noch ein bißchen, wie Sie mit fünfzehn, sechzehn waren.

- Ich war fröhlich. Ich hab' mir um nichts groß Gedanken gemacht. Ich hab' nach den Jungs geschielt, aber nicht zu sehr.

- Nicht zu sehr?

- Nein, ich war nicht so wie manche andre, man möchte meinen, die denken nur daran. Und außerdem, damals hat man sich auch noch besser benommen.

- Finden Sie?

- Ja, ganz bestimmt! Man hätte nie so rumgeknutscht wie heute, einfach so, auf der Straße, und knutschen ist noch milde gesagt! Neulich hab' ich vor der Berufsschule welche gesehen . . . kaum zu glauben! Ich hatte zwei, drei gute Jahre, nach der Schule. Ich hab' mit vierzehn aufgehört, das war weiß Gott nicht zu früh.

- Warum? Mochten Sie die Schule nicht?

- Absolut nicht! Ich hab' auch nie einen Abschluß gemacht. Nein, Schule, das war nichts für mich, ich hab' mich immer gefragt, warum man die Kinder so lange dabehält, wissen Sie, heutzutage sogar bis sechzehn! Das ist viel zu lange. Ich kann lesen, ich kann rechnen, na gut, sagen wir, ich rechne nicht so schlecht, im Café muß man wohl oder übel im Kopf rechnen, und ansonsten brauche ich nichts zu wissen. Zugegeben, ich mach' auch Fehler. Die hab' ich immer gemacht.

– Es gab doch bestimmt etwas, wovon Sie träumten, mit fünfzehn ist man so, oder?

– Ich hab' mein Leben schon vorgezeichnet gehabt. Arbeit, Kinder. Ein Haus, wenn möglich. Ich hatte genug davon, immer so eng, in einer Wohnung mit meinen Eltern, den drei Brüdern, der Großmutter.

– Ich dachte, sie hatte ein Café?

– Das war die Mutter von meinem Vater. Ich mein' jetzt die andre. Die Mutter von meiner Mutter. Sie war gelähmt. Und jetzt, da sehn Sie's, ich hab' immer noch kein Haus und werd's bestimmt nie haben. Nein, das einzige, was mir wirklich Spaß gemacht hätte, wenn Sie es unbedingt hören wollen, das wird Ihnen bestimmt blöd vorkommen . . .

– Sagen Sie es trotzdem.

– Nein, es ist blöd.

– Ich weiß nicht. Schauspielerin? Daran habe ich neulich gedacht, als Sie erzählten, daß Sie im Theater waren und es Ihnen sosehr gefallen hat.

– Also wenn schon, wäre ich lieber Kinoschauspielerin geworden. Nein, ich sag's Ihnen nicht, es ist zu blöd. Wirklich! . . . Letztendlich habe ich meinen ersten Mann getroffen, und das war's.

– Man hat nicht den Eindruck, daß Sie sehr verliebt in ihn waren.

– Doch, das war ich, wie man eben so mit sechzehn verliebt ist, wenn man noch nichts vom Leben weiß.

Aber ich bin enttäuscht worden, und das hat mich geprägt.

- Haben Sie, ehe Sie Lucien trafen, nie daran gedacht, wieder zu heiraten?

- Wenn ich gekonnt hätte. Mein Mann war verschwunden. Ich konnte mich nicht scheiden lassen. Am Ende mußte eine Ermittlung stattfinden, bis sie dann festgestellt haben, daß das Verlassen der ehelichen Wohnung war.

- Das kann doch nicht so lange dauern?

- Nein, aber am Anfang hab' ich immer gedacht, daß er zurückkommt.

- Sie haben auf ihn gewartet? Sie hofften, daß er zurückkommen würde? Also hatten Sie ihn noch gern?

- Das wahrlich nicht! Das hatte alles kaputt gemacht. Nein, aber es hat mir nicht gepaßt, einfach so sitzengelassen zu werden. Dann hab' ich mich damit abgefunden. Und ich muß schon zugeben, daß ich mich auch ein bißchen hab' gehenlassen. Ich hatte verschiedene Bekanntschaften. Deswegen hatte ich keine große Lust, ihn wiederzuseh'n. Aber das hat nie lange gedauert.

- Warum nicht?

- Das kann ich Ihnen nicht sagen. Sie waren zu sehr auf ihren Vorteil bedacht.

- Was meinen Sie damit?

- Na ja, ich hab' meinen Lebensunterhalt selbst verdient. Ich hatte meine Wohnung. Eine Frau, die sich selbst ihr Geld verdient, die zieht immer Kerle an, die selbst nicht viel vom Arbeiten halten.

- Aber mit zwei Söhnen, die Sie großziehen mußten, ging es Ihnen doch bestimmt nicht immer so gut?

- Nein, aber letztendlich, mit der Unterstützung, dem Unterhalt für alleinstehende Eltern, ging es halbwegs. Sie verstehen schon, dann gibt es immer einen Typ, der das ausnutzt. »Guck an, die ist nicht schlecht«, ich hab' Ihnen ja gesagt, ich hab' schon auf mich geachtet, Friseur und so was alles, im Handel muß man das, »und außerdem hat sie eine Wohnung«. Ich hab' bei den Leuten gearbeitet, die das Café von meiner Großmutter übernommen hatten. Also, früher oder später nistet sich der Typ bei dir ein. »Du hast doch im Moment Platz bei dir, ich find' keine Arbeit.« Ergebnis, er hängt mittags noch rum, ohne was zu machen, und wenn ich nach Hause komme, warten noch Einkauf und Haushalt, nein, das geht nicht. Ich werd' mich doch nicht so abrackern, was? Das hab' ich mir gesagt, und dann hab' ich wieder von vorn angefangen. Es ist hart für eine Frau, alleine zu sein. Ein andres Mal waren's die Jungs, wo's nicht geklappt hat. Ach so, mit dem Unterhalt . . .

- Dem Unterhalt?

- Ja, darauf hatte ich Anrecht, weil ich sie alleine erzogen hab'. Letztendlich hab' ich mich entschlossen, ihn zu beantragen, weil er nicht zurückkam. Es war schwierig, das Geld zu kriegen, ich mußte beweisen, daß mein Mann die eheliche Wohnung verlassen hatte. Dann haben die Sozialarbeiterinnen mir Schwierigkeiten gemacht. Als wenn ich meine Jungs nicht ordentlich großzieh'n würde. Ja, als sie zehn, zwölf waren, war ich noch jung, wie, nicht mal dreißig, hab' ich ja erzählt, ich hab' mich halt gern amüsiert. Jedenfalls gab es Beschwerden.

- Beschwerden?

- Ja. Sie haben erzählt, daß mein Junge einmal nicht nach Hause kommen durfte, weil ich einen Typ da hatte, also einen Freund, aber das stimmt nicht. Ich hab' ihn wohl nicht klingeln gehört, da ist er weg.

- Weg? Weit weg?

- Er ist ausgerissen. Drei Tage haben wir nichts gehört.

- Und Ihr anderer Sohn?

– Zu der Zeit war ich immer so erledigt, der Kleine war bei meiner Mutter.

– Wie hat sich das geklärt?

– Sie wollten sie mir wegnehmen, aber letztendlich doch nicht, ich habe eine Bewährungsfrist gekriegt und den Großen wieder zu mir genommen. Von da an war es besser. Und dann sind sie in die Lehre gegangen. Plötzlich war ich praktisch wieder alleine. Und ich wollte keinen Mann mehr im Haus haben.

– Ihre Söhne wohnten nicht mehr bei Ihnen?

– Der Große hat sich mit sechzehn freiwillig zur Armee gemeldet, '66, noch ehe er einberufen wurde. Und der Zweite ist zurück zu meiner Mutter, das war näher an der Berufsschule.

– War es schwer für Sie, wieder allein zu sein?

– Ja, sehr. Meine Jungs haben mir gefehlt, na klar, obwohl wir uns am Ende viel gestritten haben. Aber '69 kam dann Marie-Paule. Mit dem Vater, das war nicht gerade die große Liebe, aber ich war fast fünfunddreißig, und ich wollte noch ein Baby. Ein Mädchen. Und das hab' ich gekriegt. Als der Vater weg ist, hab' ich ihm alles Gute gewünscht, das war kein großer Verlust. Und so haben wir zusammen ein gutes Leben geführt, mit der Kleinen. Sie war nicht sehr gesund, aber wir haben uns wohl gefühlt zusammen.

– Dann kam Lucien.

– Ja, dann kam Lucien. Das stimmt.

– Sind Sie einverstanden, wenn wir heute über Lucien sprechen? Vorgestern wollten Sie nicht.

– Manchmal geht es mir zu schlecht, das wühlt zuviel Erinnerungen auf.

– Wann haben Sie geheiratet?

– Es werden bald fünfzehn Jahre. '81. Im Juli. Es war unser zehnter Hochzeitstag, als sie ihn mitgenommen haben.

– Es ist seltsam, ich habe es schon mal gesagt, glaube ich, wenn man Sie hört, scheint es, als sei das das Wichtigste, der Tag, an dem man Ihren Mann verhaftet hat. Alles andere zählt offenbar weniger. Ist nicht so wichtig.

– Das stimmt. Ich kann den Moment nicht vergessen, als sie ihn in den Hausflur geschubst haben.

– Geschubst? Warum? Hat er sich gewehrt?

– Würden Sie sich nicht wehren, wenn man Sie mitnimmt?

– Sie erzählten neulich, daß Sie nicht gleich geheiratet, sondern gewartet haben. Warum?

– Wir hatten Zeit, wir hatten es nicht eilig.

– Aber Sie waren doch schon vierzig?

– Weit drüber. Aber, ich weiß nicht . . .

– Waren Sie sich nicht sicher?

– O doch, das war ich sofort! Ich hab' mir gleich gesagt, der da . . .

– Der da?

– Der da, das ist was Ernstes.

– Also war er sich nicht sicher?

– Das hab' ich mich nicht gefragt. Ich hatte schon das Gefühl, daß er mich nicht einfach so verlassen wird, aber ich hab' mich nicht getraut.

– Was haben Sie sich nicht getraut?

– Na ja, es ist eben nicht die Frau, die fragt. Wir waren zusammen, ich meine, wir hatten eine Beziehung, aber vom Heiraten hat er eben nicht gesprochen. Er kam oft im Café vorbei, dienstlich, nie zur gleichen Zeit. Dann sogar nach der Arbeit. War immer gut angezogen und so. Er war Vertreter. Dann mußte er aufhören.

– Aus welchem Grund?

– Es waren zu viele, oder er hat ihnen nicht mehr gepaßt. Denen sind immer die lieber, die zu allem bereit sind und nichts fordern. Lucien hat was andres gebraucht ... Und dann hatte er kein Auto mehr. Wir haben uns gleich verstanden, und dann waren die Mädchen, nach der Schule und so weiter. Manchmal hat er meine mitgenommen, wenn ich nicht konnte, wegen dem Café.

– Wenn Sie sagen, Sie haben sich gleich verstanden, was meinen Sie genau damit?

– Vielleicht sagt man so was eigentlich nicht, aber eben wie ein Mann und eine Frau, die sich gut verstehen, das muß ich Ihnen doch wohl nicht noch aufmalen. Es ist ganz schnell gegangen.

– Hatten Sie keine Angst, es könnte so anfangen wie mit den anderen, ein Abenteuer ohne Zukunft?

– Nein, und selbst wenn, das wär' mir egal gewesen.

– Und wie kam es zu dem Entschluß zu heiraten?

– Er war schon bei mir eingezogen, mit seiner Tochter, daran erinner' ich mich, als das passiert ist. Es war im Frühling '81, direkt nach der Werbewoche, Maud war Majorette, und sie war grade an dem Tag zwölf geworden. Ich hatte einen Kuchen gebacken und alles, und ich erinner' mich, daß ich am Tisch gesagt habe: »Ich war vielleicht stolz neulich, im SurGrand, als jemand gesagt hat: ›Ihre Große war entzückend bei der Parade zur Werbewoche.‹« Jetzt fällt mir alles wieder genau ein, ich hab' sogar noch dazugesagt: »Du bist doch nicht eifersüchtig, was, Marie-Paule?« Maud war aber auch niedlich als Majorette! Es tut mir richtig weh, wenn ich daran denke, was aus ihr geworden ist.

– Und dann? Hat er Ihnen einen Heiratsantrag gemacht?

– Nein, nein, warten Sie. So nicht. Ich hab' schon gemerkt, daß mich Lucien so komisch angeguckt hat. Er hat gesagt: »Ach ja?« Ich hab' mich fast entschuldigt: »Aber ich habe ihnen gesagt, daß das nicht meine Tochter ist, sondern die Tochter von meinem Mann.« Und dann bin ich rot geworden, aber wie! Es war mir einfach so rausgerutscht. »Verstehst du«, hab' ich gesagt, »es wär' zu lang gewesen, das zu erklären, und außerdem geht sie das nichts an.« Und da hat Lucien – das vergeß' ich nie, das ist wie eingebrannt – er hat seine Hand auf die von Marie-Paule gelegt: »Ich bin jedenfalls schon dein Papa, und das wird bald auch amtlich sein.« Wir haben im Juli geheiratet. Zur Feier des Tages haben die Mädchen einen Schluck Chartreuse-Likör bekommen. Nicht den gelben, sondern den grünen, der ist nicht so stark.

- War es so wichtig für Sie, daß Marie-Paule endlich einen Vater bekommt?

- Das hab' ich mir in dem Moment damals gesagt. Daran hab' ich am meisten gedacht. Aber jetzt? Jetzt weiß ich nicht so richtig. Was danach passiert ist, das war zu schlimm. Das hätte einfach nie passieren dürfen, das ist alles. Niemals! Es wär' noch besser gewesen, wenn es so geblieben wär', wie es war.

- Glauben Sie wirklich? Lucien wäre weggegangen, wenn Sie nicht geheiratet hätten.

- Ja, ganz bestimmt. Er wollte heiraten. Er war zu sehr alleine gewesen.

- Aber Sie hätten doch auch nicht darauf verzichten mögen, Lucien zu heiraten? Haben Sie sich manchmal gefragt, was ohne Lucien aus Ihrem Leben geworden wäre?

- Ohne Lucien hätte ich überhaupt kein Leben mehr gehabt. Das ist ganz einfach.

- Und Sie waren bereit, den Preis dafür zu zahlen?

- Ich weiß nicht, ich verstehe nicht, was Sie meinen.

- Doch, doch, ich glaube, Sie verstehen sehr gut.

⋆

– Und haben Sie gleich angefangen, Pläne zu machen?

– Oh, Gott, Pläne! Ich hab' kaum welche gemacht, ich war das nicht gewöhnt, aber er ja, er ist ein Träumer. Unsere Nachbarn von gegenüber, in *Les Merles*, die sind jünger als wir und haben keine Kinder. Jedes Jahr sind sie weggefahren, zwei oder drei Wochen, in die Bretagne, ins Baskenland, ich hab' nicht mal an so was gedacht, ich hab' sie nicht beneidet, ich hab' mich einfach nicht reisen geseh'n. »Ich frage mich, wie die das machen«, hab' ich nur mal gesagt. »Er war noch vor sechs Monaten arbeitslos, und sie arbeitet im *Grand U.*« Aber durch die ist Lucien auf die Idee mit dem Campingmobil gekommen, keinem richtigen damals, das kostet einen Haufen Geld, sondern einen gebrauchten Lieferwagen einrichten, mit Schlafstelle und Propangaskocher und allem. »Und warum nicht einen richtigen?« hat Lucien gesagt. »Mein Herzchen, eines Tages kaufen wir uns einen richtigen, du wirst sehen, wenn ich Arbeit gefunden habe.«

– Erzählen Sie noch von Ihrer Hochzeit, Sie haben fast gar nichts darüber gesagt.

– Oh, wenn es nach mir gegangen wär', hätten wir das ganz einfach gemacht, wissen Sie, in unserem Alter! Aber für ihn ist das nicht in Frage gekommen.

– Haben Sie viele Leute eingeladen?

– Nein, ich nur, Odette und meine Chefs, meine früheren Chefs, die gerade verkauft hatten, deswegen habe ich dann im SurGrand angefangen. Schluß. Und meine Mutter. Aber die Söhne, das war damals keine Frage, ich hab' nicht mal genau gewußt, wo sie sind. Und Lucien war so oft umgezogen, daß er hier nicht viele Bekannte hatte, ein paar Kontakte, das war alles.

– Was für Kontakte?

– Leute wie er, die im Ausland gewesen sind, in Indochina, das habe ich Ihnen doch erzählt, die hat er hier wiedergetroffen. Das war eine richtige kleine Gruppe, sie haben sich regelmäßig getroffen. Seitdem hab' ich kein Lebenszeichen von denen mehr gekriegt. Aber wir haben ein tolles Essen gemacht, ein Essen, sage ich Ihnen! Nichts hat gefehlt, Wein, Fisch, Hammelkeule, Torte, ein richtiges Hochzeitsmahl, das kann man wohl sagen.

- Das tat bestimmt gut nach all den eher schwierigen Jahren?

- Wem sagen Sie das? Ich saß da, mit meinem Lucien neben mir und den Kleinen in ihren Kleidchen, beide gleich. Ah! Ich hab' mich gefühlt wie eine Königin! Wenn mir da jemand gesagt hätte, daß ich an unserem fünfzehnten Hochzeitstag dasitze und nicht weiß, wohin mit mir . . . Wollen Sie nicht noch einen Schluck Benediktiner? Ich nehm' noch einen Tropfen. Das tut mir gut, das entspannt mich. Ich hatte mir ein schönes Kostüm gekauft, das hab' ich immer noch, aber ich paß' nicht mehr rein, und Lucien, mit seinem blauen Anzug und dem weißen Hemd, der sah vielleicht jung aus.

- Haben Sie Fotos von Ihrer Hochzeit?

- Ja, aber ich weiß nicht genau, wo sie sind.

- Aber da, an der Wand, das sind Sie! Mit ihm! Ja, ich erkenne ihn, er sieht wirklich jung aus, er macht richtig was her.

- Darauf hab' ich noch gar nicht geachtet. Das stimmt.

- Und von wann ist das Foto?

- Das war zu unserem dritten Hochzeitstag. Also '84.

- Sie lächeln übers ganze Gesicht, richtig glücklich, und dieses Rosa steht Ihnen gut. Aber er lächelt nicht, er sieht besorgt aus.

- Er lächelt nie auf Fotos.

- So habe ich mir Lucien nicht vorgestellt. Ich dachte, er wäre größer.

– Er ist nicht sehr groß, aber er ist sehr kräftig. Er achtet auf seinen Körper.

– Ach so?

– Ja, er macht Gymnastik. In seinem Beruf muß man das, man weiß ja nie, mit wem man es nachts so zu tun bekommt.

– Wahrhaftig, er ist ja richtig elegant!

– Das war er immer! Dunkle Weste, schöne Tergalhose . . . und immer mit Krawatte.

– Aber Ihnen steht das Rosa auch sehr gut.

– Das ist ein Angorapulli, den hab' ich selbst gestrickt. Geben Sie mal her. O Gott, ich hab' mich vielleicht verändert! Man möchte glauben, das ist jemand andres. Damals hab' ich mich noch gepflegt, die Nägel und so. Jetzt macht mir das alles keinen Spaß mehr. Ich schäme mich richtig, wenn ich in den Spiegel gucke, mit den Säcken unter den Augen.

– Von seiner Vergangenheit wissen Sie eigentlich nicht viel. War er schon einmal verheiratet? Hat er Ihnen jemals von seiner ersten Ehe erzählt? Von seiner Frau?

– Nie.

– Lebte er noch mit ihr zusammen, als Sie sich kennenlernten?

– Nein, sie waren schon getrennt.

– Hat er seine Tochter allein großgezogen?

– Sie war bei der Großmutter. Er hat sie wieder zu sich genommen, als wir zusammengezogen sind.

– Und was haben Sie ihm von sich erzählt?

– Daß mein Mann gestorben ist.

– Der erste? Der Legionär?

– Nein, der Vater von Marie-Paule.

– Sie wollten nicht sagen, daß sie ein uneheliches Kind war?

– Nein.

- Warum nicht?

- Das war mir unangenehm.

- Hatten Sie Angst, daß er eine schlechte Meinung von Ihnen bekommt?

- Na sicher. Erst recht, wo ich nicht mehr die Jüngste war.

- Und was denken Sie selbst darüber? Bedauern Sie es, all diese Abenteuer in Ihrem Leben gehabt zu haben?

- Ich denke, das ist nicht meine Schuld, ich hatte eben kein Glück, aber ich glaube, eine Frau ist nicht für so was gemacht. Sie braucht mehr Stabilität.

- Und die haben Sie bei Lucien gefunden?

- Ja.

- Da haben Sie das Foto zurück. Soll ich es wieder an die Wand hängen?

- Brauchen Sie nicht. Ach, besser doch, die Tapete ist da so vergilbt.

4. Oktober 1995
FÜNFTES GESPRÄCH
DIE MÄDCHEN

- . . . und von da an war es vorbei, wir waren nie mehr wie vorher. Das ist ganz klar.

- Ihre Haltung, die Mädchen jetzt abzulehnen, ist unverkennbar. Darf ich ehrlich sein? Ich glaube, ich kann es, wir haben lange genug miteinander geredet.

- Natürlich.

- Sie wissen doch im Grunde genau, daß die Vorwürfe, die auf Lucien lasten, unendlich schwer sind, ich weiß nicht, ich finde es ungeheuerlich, das zu leugnen! Und wenn man Ihnen zuhört, könnte man es fast vergessen.

- Das ist was, das nicht geklappt hat. Das erklärt alles.

- Was hat nicht geklappt.

- Es war meine Schuld.

- Zwischen Ihnen und Lucien?

- Ja. Das heißt, ja und nein.

- Haben Sie sich doch nicht so gut verstanden, wie Sie anfangs dachten?

- Nein, das ist es nicht. Wir haben uns nie gestritten, kein lautes Wort, keine Handbewegung zuviel. Das war nicht so, wie mit meinem ersten. Der hat nicht gewartet, eh er mir eine runtergehauen hat, ohne auch nur wie oder was zu fragen.

- Er hat Sie geschlagen?

- Nein, schlagen würde ich nicht sagen. Sagen wir, wir haben uns oft in die Wolle gekriegt, und dabei schaukelt man sich bald hoch, und dann ist es schnell passiert. Wohlgemerkt, ich hab' mir nichts bieten lassen, er hat's auch zurückgekriegt. Das sage ich immer, sie müssen's nur zurückkriegen.

- Das geht nicht immer, ein Mann ist oft stärker als eine Frau.

- Trotzdem, man darf sich nichts bieten lassen.

- So habe ich Sie bisher nicht eingeschätzt. Aber kommen wir zu Lucien zurück. Da war also was, das nicht geklappt hat.

- Ja, und ich sage Ihnen doch, das ist meine Schuld.

- Betraf es Ihre Gefühle, die Liebesbeziehung?

- Nein, das kann ich nicht sagen, auf dem Gebiet . . ., ich schäme mich nicht, darüber zu reden, da hat es immer gestimmt, bis er weg ist, war er immer . . . Ja, im Bett, man muß es mal klar aussprechen, da haben wir uns immer gut verstanden.

- Was dann? Ich spüre, daß Ihnen etwas peinlich ist.

- Das ist mir nicht peinlich. Ich weiß nur nicht, wie ich es erklären soll.

- Sagen Sie es einfach.

- Mit den Mädchen. Eigentlich hatte ich genug von allem. Kinder, Familienleben. Schon bei meinen Jungs. Der zweite, der, der bei meiner Mutter geblieben war, weil er seine Lehre gemacht hat, mit dem hat's nicht geklappt. Erst hat er Automechaniker werden wollen, aber er hat sich nicht mit seinem Chef vertragen, dann hat er bei einem Händler für Fahrräder und Mopeds gearbeitet. Aber da hat's auch nicht lange gedauert, und er hat angefangen zu schwänzen, sein Chef ist zu mir gekommen, um sich zu beschweren, aber was konnte ich denn machen? Er war achtzehn oder neunzehn, und als Marie-Paule geboren ist, hatte ich so schon genug Sorgen, sie hatte Acetonämie, man konnte ihr fast nichts zu essen geben. Ich mußte eine Menge für die Dummheiten von meinem Zweiten bezahlen.

- Schlimme Dummheiten? War es ernst?

- Er hat Ersatzteile weiterverkauft, und solange er minderjährig war, war ich verantwortlich. Deswegen habe ich auch noch saubergemacht, neben dem Kellnern im Café.

- Und der Große?

- Den habe ich gar nicht mehr geseh'n. Sogar zu meiner Hochzeit hab' ich sie nicht eingeladen, das habe ich Ihnen ja erzählt.

- Aber ganz am Anfang haben Sie mir doch erzählt, daß da etwas mit ihm und Maud war?

- Das war viel später. Wir haben uns wieder getroffen. Er kam ab und an zum Mittagessen, sonntags, mit seiner Frau. Aber nicht jede Woche. Nach dem Tod meiner Mutter haben wir wieder angefangen, uns zu treffen.

- Und hat Maud, wie Sie sagten . . .

- Ja, ich habe gleich gemerkt, wie sie um ihn rumgeschlichen ist. Und das hat mir nicht gefallen. Die wollte einfach zuviel.

- Hat sie sich immer gut mit ihrem Vater verstanden?

- Ich hab' mir gewünscht, daß wir mit Lucien ein einfaches ruhiges Leben führen. Wie er mir von Algerien erzählt hat. Sonne, Ruhe, Sorglosigkeit, ein Pastis oder ein Gläschen guten Wein, abends hört man nicht zu spät auf zu arbeiten, und so vergeht das Leben.

- In Algerien? Aber Sie haben mir bisher nur erzählt, daß er in Indochina war!

- Ja, aber das, das war später. Habe ich es Ihnen nicht gesagt? Na gut, ich hatte nicht mehr dran gedacht.

- Er war also immer beim Militär? War er Berufssoldat? Sie haben mir doch erzählt, daß er in Indochina nur seinen Wehrdienst geleistet hat?

- Ja, am Anfang, aber zum Schluß hat er sich weiter verpflichtet.

– Ehrlich gesagt, ich wollte nichts sagen, aber ich fand es doch etwas seltsam. Ich wußte, daß es in Indochina nur Freiwillige gab. Und dann war er natürlich im Algerienkrieg.

– Nein, nach dem, was ich Ihnen erzählt habe, nach dieser Schmuggelaffäre, er hatte gar nichts damit zu tun, aber auf jeden Fall konnte er dann nicht mehr in der Armee bleiben. Er ist als Vertreter rumgefahren, für einen Apéritif. So habe ich ihn kennengelernt im Café. Er war als Vertreter da, das hab' ich Ihnen doch erzählt.

– Ja, das stimmt.

– Gleich, als wir zusammen waren, wollte er immer, daß wir als Familie ausgehen, daß immer die Mädchen zwischen uns sind . . . ich meine mit uns. Und das habe ich nun gerade nicht gewollt.

– Sie haben sich gerade korrigiert. Erst hatten Sie gesagt »zwischen uns«. Wären Sie lieber allein mit ihm gewesen?

– Ja, das hatte ich ja nie gehabt. Gleich die zwei Jungs, später dann Männer, das ja, aber es hat nie gehalten. Und dann meine Tochter alleine großziehen. Also, als ich Lucien kennengelernt habe, wollte ich gern, daß wir auch Zeit für uns haben.

– Und die hatten Sie nicht?

– Nein, nicht viel. Zuerst ja. Er war nicht mehr Vertreter, er ist zu Hause geblieben oder hat eine kleine Runde gedreht, und wenn ich vom SurGrand zurückgekommen bin, haben wir uns in Ruhe gesehen. Am Tag oder abends, wie ich Schicht hatte.

– Manchmal bis dreiundzwanzig Uhr, haben Sie erzählt? Aber da ist doch nicht bis dreiundzwanzig Uhr geöffnet?

– Ich mußte auch noch saubermachen, und das macht man abends, wenn zu ist. Mittwochs und sonnabends wird um neun zugemacht. Manchmal hat er das Essen vorbereitet. Das war mal was and'res für mich! Die Beine unter den Tisch stecken und immer etwas Nettes, Blumen, eine gute Flasche Wein. »Heute abend gibt's Paella!« hat er gesagt. »Bis wir selbst nach Spanien fahren.« Und dann riefen wir im Chor: »Mit dem Campingmobil!« Ja, das war eine gute Zeit.

– Das berühmte Campingmobil! So etwas hatten Sie nie gekannt.

– Das können Sie annehmen. Ich hatte gearbeitet, seit ich vierzehn war, in der Fabrik und gleich danach die Jungs, und immer rennen, Arbeit, Schule, Einkaufen. Oft, ich kann Ihnen sagen, um sieben, acht nach Hause, nichts fertig, die Kinder wollen was haben. Manchmal habe ich mich hingesetzt, ich konnte nicht mehr, hab' geweint und geweint . . . Ich habe ein paar gute Jahre gehabt, da will ich gar nichts sagen, vor der Geburt von Marie-Paule! Da hatte ich mehr Ruhe, aber es hat nicht geklappt mit den Männern, die ich getroffen habe. Das habe ich Ihnen schon erzählt, o nein, die hätten nicht mal den Tisch gedeckt! Sie sind auch nie lange geblieben. Mit der Kleinen, ja, da war es ruhiger, aber es war immer was anderes als das, was ich mir wirklich gewünscht habe.

– Was wünschten Sie sich denn?

– Ein einfaches, ruhiges Leben mit meinem Mann. Und den ganz für mich allein.

– Und das haben Sie mit Lucien nicht gehabt?

– In einem Sinne ja, am Anfang, das habe ich ja gesagt. Aber wir waren nicht alleine, immer die Mädchen, niemals zu zweit.

– Das sind doch die Träume eines jungen Mädchens, romantische Ideen, oder? Die große Liebe und weiter nichts?

– Vielleicht, kann sein. Die große Liebe und weiter

nichts! Natürlich weiß ich, daß das nicht geht, daß das nie klappt, wie man sieht. Also sind wir mit den Mädchen ausgegangen, hier um Hausaufgaben kümmern, da sie ins Schwimmbad bringen. Ich war einfach erschöpft.

– War Ihre Arbeit anstrengend?

– Nein, das kann man nicht sagen. Stückweise habe ich die Siebzehn-bis-dreiundzwanzig-Schicht aufgegeben, als er wieder Arbeit gefunden hat. Und bald habe ich dann nur noch neun bis siebzehn gemacht, eigentlich achtzehndreißig, wegen der Mittagspause. Ich kann da gut drauf verzichten, ich versuche immer, Diät zu halten.

– Aber Sie haben doch erzählt, an dem Tag, als man Lucien abholte, hatte Ihre Freundin die Neun-bis-siebzehn-Schicht und nicht Sie.

– Wir haben das immer abgesprochen, Odette und ich. Der Direktor hat da nichts zu sagen gehabt.

– Von Ihrer Freundin Odette sprechen Sie eigentlich nie, fällt mir auf

– Sie ist tot. Krebs. Es hat nicht lange gedauert. Im Dezember operiert, im April war sie tot. Sechs Monate. Ich kann Ihnen sagen, sie hat mir vielleicht gefehlt. Ein Glück, auf eine Art, daß sie das alles nicht miterlebt hat, den Prozeß, alle diese Gemeinheiten! Es war ja schon ein Schlag für sie, als ich so ganz alleine war, ohne Lucien. Sie hätte das nicht verstanden, was dann passiert ist.

– Haben Sie versucht, mit ihr zu sprechen, es ihr zu erklären?

– Nein, das war unmöglich. Dann hätte man das alles von innen kennen müssen, in unsrer Familie. Und das kann niemand.

– Sie haben gesagt, Sie waren erschöpft.

– Ja, ständig. Aber es war nicht sosehr wegen der Arbeit, und als wir zusammengezogen sind, hat Lucien mir ja, wie gesagt, viel geholfen. Das war besonders, als er wieder zu arbeiten angefangen hat.

- Gleich nach Ihrer Hochzeit? Oder vorher? Wann sind Sie zusammengezogen?

- Es hat drei Jahre gedauert, fast vier, und er hat immer nichts gefunden. Zum Schluß war es ihm schon unangenehm, immer auf meine Kosten zu leben und auch noch ein Kind zusätzlich. Dann hat er endlich was gefunden. Ja, als Nachtwächter, ich glaube, ich hab' es Ihnen schon erzählt, die nehmen gern ehemalige Soldaten und gucken nicht so genau hin.

- Und das hat viel in Ihrem Leben geändert?

- Alles. Wir haben uns nicht mehr gesehen. Ich bin weg, wenn er morgens reinkam, und wenn ich abends nach Hause gekommen bin, ich sag' ja, gegen sechs, halb sieben, dann mußte er weg. Er hatte nur noch Zeit für die Mädchen.

- Sie sprechen von ihnen, als seien Sie eifersüchtig gewesen.

- Nein, eifersüchtig würde ich nicht sagen. Aber sie, sie . . .

- Sie nahmen zuviel Platz ein?

- Ich hatte sie gern, vor allem meine Tochter, natürlich, aber in gewissem Sinne, ja . . .

- Dabei waren es doch die Mädchen, die Sie zusammengebracht haben.

- Das stimmt. Wir haben sofort über sie geredet, wir haben uns überlegt, was das für ein Zusammentreffen ist, daß sie nur ein paar Monate auseinander sind.

- Und haben Sie Lucien erklärt, was für Sie nicht stimmte?

- Ich habe es versucht.

- Was haben Sie ihm gesagt?

- Aber ich habe mich nicht richtig getraut, er hat es

nicht gemerkt, er war zufrieden so, wie es war. Er hat immer gesagt: »Sieh mal, wir sind sonntags und noch einen Tag in der Woche die ganze Zeit zusammen.« Da seh'n Sie's. Wissen Sie, er hat es nicht verstanden. Dann habe ich eine Depression gekriegt und wurde behandelt. Wegen der Nerven.

- Ist es besser geworden?

- Mehr oder weniger. Wenn es mit den Nerven einmal angefangen hat, geht es schwer wieder weg. Stimmt schon, ich habe mich verändert. Mein Charakter.

- Was meinen Sie damit?

- Ich muß zugeben, es ist schon vorgekommen, daß ich ein bißchen böse auf ihn war.

- Und wie hat sich das geäußert? Haben Sie ein Gesicht gezogen?

- Ja, aber vor allem hab' ich damit angefangen.

- Zu trinken?

- Ja.

- Viel?

- Ganz schön, ja. Und er, wenn er das gesehen hat, wenn er gemerkt hat, daß es mir nicht gutgeht, zum Beispiel am Sonnabend nachmittag oder Sonntag, dann ist er mit den Mädchen weggegangen, hat einen Spaziergang gemacht. Wenn ich gesehen hab', wie sie so weggegangen sind, habe ich mir gesagt, daß es ohne mich viel besser gehen würde.

- Wem, Lucien?

- Nein, ihnen allen zusammen. Ich war zuviel.

- Aber das kann doch nicht stimmen, Sie haben mir doch erzählt, daß Sie und Lucien, daß Sie immer noch sehr verliebt waren.

- Ja, aber wann? Wir hatten nur noch eine Nacht oder zwei, einfach nur, um beieinander zu schlafen. Die Kinder bringen einen zusammen, aber dann . . . Er hat sich auf das Familienleben zurückgezogen, auf die Mädchen. Das ist auch meine Schuld. Ich hab' zuviel verlangt. Oh! Ich weiß, was Sie sagen werden.

- Ich sage gar nichts.

- Und Sie sind nicht die einzige. Als Maud zur Ehrenjungfer gewählt worden ist, gab es ein Foto in der Zeitung, und später hat man das dann ausgenutzt.

- Ehrenjungfer?

- Ja, beim Wettbewerb zur Miß Region-Nord-Pas-de-Calais haben sie ein Foto gemacht. Ich werde es Ihnen zeigen, Sie werden selber seh'n, ob man damit einen Hund hinterm Ofen vorlocken könnte. Nein, nein, ich suche es jetzt gleich, dann finde ich die anderen auch. Aha, das habe ich mir gedacht, hier liegen sie. Da, sehen Sie sie sich an.

- Das ist zerschnitten.

- Ja, da war ich noch drauf und andere Leute, ich habe nur die drei aufgehoben. Er wollte keine Eifersucht, deswegen ist Marie-Paule mit drauf.

- Ich sehe wirklich nicht, was man dagegen sagen könnte. Ein Vater hat die Arme um seine Töchter gelegt und umarmt die größere.

- Das ist Marie-Paule. Wegen dem Foto gab's vielleicht ein Theater! Sie haben es beim Prozeß benutzt.

- Beim Prozeß?

- Ja, als wenn sie festgestellt hätten, daß er sich nicht mal in der Öffentlichkeit anständig mit seinen Töchtern benommen hat.

- Und haben die Mädchen sich gut verstanden?

- Oh, ja. Am Anfang sehr gut. Am Anfang war es so, als wenn ich zwei Töchter haben würde, sie waren so niedlich zusammen. Er wohnte noch nicht bei mir, aber wir haben am Sonntag immer zusammen gegessen. Ich erinner' mich noch, was meine Tochter mal gesagt hat:

»Man kann denken, daß wir Zwillinge sind«, hat Marie-Paule gesagt. Und als sie weg waren, habe ich sie gefragt: »Bist du froh, daß du eine Schwester hast?« – »O ja!« hat sie gesagt, »O ja!« Aber irgendwie hab' ich nicht dran geglaubt.

- Wie das? Sie haben nicht dran geglaubt?

- Nein, es war zu spät. Ich hab's Ihnen ja gesagt. Ich wollte Frieden, Ruhe.

- Und Lucien für sich ganz allein.

- Ja. Dabei hab' ich irgendwann zu ihm gesagt, obwohl ich nicht ans Heiraten gedacht habe: »Warum ziehst du nicht mit ihr zu uns, es ist doch genug Platz?«

- Ist Ihre Wohnung groß? Ich habe nicht alles gesehen.

- Sehen Sie es sich an, wenn Sie wollen, das ist eine Vierzimmerwohnung. Es stört mich nicht, aber in den letzten Tagen ist es mir nicht so gutgegangen, deswegen darf man nicht sosehr auf die Sauberkeit gucken.

- Nein, nein, ich bitte Sie. Es gibt also genug Platz?

- Das sind vier Zimmer. Eigentlich hatte ich kein Recht drauf, nur mit einer Tochter, außerdem hatte ich oft Mietrückstand. Und ein paarmal hat die Wohnungsverwaltung gesagt, daß sie mir eine andere Wohnung geben.

- In gewisser Hinsicht hat das also ein Problem für Sie gelöst, als Lucien zu Ihnen zog.

- In einer Hinsicht ja, natürlich, aber daran habe ich in dem Moment nicht sosehr gedacht. Ich hatte die Kleine auch liebgewonnen. Sie war ein nettes Mädchen, immer lächelnd und einfach, nicht so ein schwieriger Charakter wie Marie-Paule.

- Ist Marie-Paule schwierig?

- Ihr hat ein Vater gefehlt. Aber meine Tochter hat es nicht so gut vertragen, wenn ich Maud Komplimente gemacht habe. Außerdem war Maud gut in der Schule, und

Marie-Paule, das habe ich Ihnen schon gesagt, sie ist so wie ich, sie lernt nicht gern.

- Haben Sie noch mehr Fotos aus dieser Zeit?

- Ja, bestimmt, ich muß nur mal suchen, ich weiß nicht so genau, wo sie sind. Gucken Sie mal da drin nach. Ich weiß schon, daß man heutzutage lauter Abschlüsse braucht, aber was wollen Sie? Wenn man nicht kann, kann man nicht. »Ich bin gut ohne klargekommen«, sage ich immer. »Du hast unrecht«, hat Lucien gesagt, »du hast unrecht, heutzutage braucht man Abschlüsse.« Lucien mußte sehr früh aus der Schule abgehen, weil sein Vater gestorben war, und darunter hat er sehr gelitten. Er hätte gerne weitergemacht. Der hat was im Kopf. Dann hat sich Lucien um Marie-Paule gekümmert, ihre Hausaufgaben kontrolliert und so.

- Er war also ein sehr guter Vater für sie?

- O ja, sehr gut!

- Ich verstehe immer weniger, was geschehen ist. Haben Sie nie etwas bemerkt, niemals?

- Ich war ja nie da. Hier sind die Fotos, wenn Sie sie sehen wollen. Nein, nicht die, das sind Fotos von mir. Nein, die haben nichts damit zu tun.

- Darf ich trotzdem?

- Ah! Das ist meine Mutter.

- Sie hat ein schönes Gesicht, aber sie wirkt ziemlich . . . ziemlich autoritär.

- Sie war hart, meine Mutter, bis zum Schluß.

- Und das?

- Das ist die Kommunion meines jüngeren Bruders.

- Es sieht aus wie in einem Garten?

- Ach so, nein, das ist nur für das Foto. Nein, die von Lucien und den Mädchen finde ich nicht, die müssen noch in einer anderen Schachtel sein. Nein, die sind nicht interessant.

- Warten Sie, ich sehe mir gern Fotos an. Sind Sie das als kleines Mädchen?

- Ja.

- Sie hatten wirklich schöne Haare.

- Ja, es ging mir bis hier.

- Und die beiden Mädchen da? Wer ist das?

- Das Foto hier?

- Ja.

- Ach! Ich wußte nicht, daß es dabei ist.

- Wer ist das?

- Meine Schwester und ich.

- Ihre Schwester?

- Meine kleine Schwester.

- Aber Sie haben noch nie von ihr erzählt, ich dachte, Sie hätten nur Brüder.

- Sie ist mit sechs Jahren gestorben, durch einen Unfall.

- Hatten Sie sie sehr gern?

- Sehr.

- Was ist geschehen?

- Ein Unfall, habe ich doch gesagt.

- Sie wollen nicht darüber sprechen?

- Wir haben am Ufer gespielt, und sie ist ertrunken.

- Wie alt waren Sie?

- Elf. Ich bin nach Hause gegangen und habe sie allein gelassen, und als ich wiedergekommen bin . . . ich kann nicht . . . es tut zu doll weh, das ist, als wäre es gestern gewesen . . . meine Mutter . . . es war ihr letztes, sie hatte sehr gelitten bei der Geburt, und sie hat es mir nie verziehen. Von da an war ich immer an allem schuld. Als ich dann später Kinder hatte, konnte ich für sie gar keine gute Mutter sein, ich hatte nichts im Kopf und so weiter. Ich war immer schuld.

- Hat sie Lucien noch kennengelernt?

- Nur kurz.

- Aber Sie haben sie weiterhin besucht?

- Oh, ja, immer. Ich kann es ruhig sagen, ich habe ihr jeden Wunsch von den Augen abgelesen, aber das hat nichts genützt.

- Was hielt sie von Lucien?

- Er war ihr Gott. Lucien hier, Lucien da.

- In gewisser Hinsicht hätte also Ihre Heirat, diese Heirat, auch Ihre Beziehung zu Ihrer Mutter verbessern müssen . . .

- Nicht sosehr.

- Warum nicht?

- Sie hat keine Gelegenheit ausgelassen, um mich spüren zu lassen, daß er zu gut für mich ist. Sie hat es sogar direkt gesagt. »Meine arme Tochter, man muß sich fragen, was er an dir findet.« Oder: »Was fängt er nur mit dir an?«

- Das ist sehr charmant! Macht Sie das nicht wütend auf Ihre Mutter?

- Nein, ich dachte mir meinen Teil, aber ich habe es runtergeschluckt. Eine Mutter ist immer eine Mutter. Und außerdem . . .

- Sie dachten, daß Ihre Mutter ein bißchen recht hätte?

- In einer Richtung ja.

- Ich merke schon, daß Sie sich die ganze Zeit schlecht machen, daß Sie kein Vertrauen in sich selbst haben. Sagen Sie sich nie, daß Sie ihm, Lucien, auch viel gegeben haben?

- Doch, manchmal.

- Und?

- Das ist normal, das ist die Rolle der Frau.

- Und sagen Sie sich nie, daß er Ihr Vertrauen trotz allem verraten hat?

- Nein, eigentlich nicht. Das ist ein Drama, wir hatten kein Glück, das ist alles.

– Ein Drama, das bestimmt. Aber Sie sprechen davon wie von einem Unfall, von etwas, das man nicht beeinflussen kann.

– Das stimmt, so fühle ich es.

– Sich so an jungen Mädchen zu vergreifen, an seinen Töchtern, Ihnen ist doch wohl bewußt, daß das ein Verbrechen ist.

– Also mit Maud ist ja nichts sicher.

– Was soll das heißen?

– Nein, beim Prozeß haben sie gesagt »es gab einen Versuch«. Das hat auf jeden Fall ihr Anwalt gesagt. Sie haben nichts Sicheres gehabt, um weiterzugehen.

– So haben Sie mir das nicht erzählt, am ersten Tag sagten Sie . . .

– . . . daß er wegen Vergewaltigung angeklagt wurde, ja, aber für mich ist er eben nur angeklagt . . . Wissen Sie, das ist doch schwer zu beweisen, oder? Maud hat schon sehr früh ihre kleinen Freunde gehabt. Und dann spielt sie hinterher die Unberührte.

– Sie meinen, Maud war nicht mehr Jungfrau, sie hatte Beziehungen zu Jungen? Was ändert das in Ihren Augen?

– Ja, und nicht nur einen.

– Und Sie finden, das entschuldigt Lucien?

– Nein, das sage ich nicht. Aber gucken Sie sich doch an, wie sie sich mit meinem Ältesten benommen hat. Also . . .

– Also wäre sie es gewesen, die sich, wie soll ich sagen, nicht ganz normal gegenüber ihrem eigenen Vater verhalten hat? Es fällt mir schwer, Ihnen zu glauben.

– Aber es stimmt. Morgens ist sie immer halbwach durch die Wohnung geschlichen. Für mich hat er an nichts Böses gedacht. Er war immer sehr zärtlich zu seinen Töchtern, er hat gar nicht gemerkt, daß sie älter werden. Mit zwölf haben sie sich noch auf seinen Schoß gesetzt. Und weil Maud gern angibt, Geschichten erzählt, hat sie das alles ihren Freundinnen gesagt, glaube ich, und das ist irgendwem zu Ohren gekommen. Und dann, das habe ich Ihnen doch erzählt, war da Ihre Lehrerin, diese Madame Esposito.

– Bei Marie-Paule kann man es nicht leugnen, da sind die Fakten klar . . .

– Ja, das war ein Fehler, das ist sicher. Aber er hat dafür bezahlt.

– Wann ist das geschehen?

– Das hat angefangen, als sie krank war.

– Wie alt war sie?

– Dreizehn. Vierzehn. Sie hatte Gelenkrheumatismus. Sie ist fast das ganze Schuljahr nicht in die Schule gegangen, und ich frage mich, wie ich es gemacht hätte, wenn Lucien nicht dagewesen wäre, dann hätte ich sie ins Krankenhaus stecken müssen. Er hat nicht mehr geschlafen, er war wirklich am Ende.

– Aber dennoch, er hat die Situation ausgenutzt, Ihre Abwesenheit, um eine sexuelle Beziehung mit ihr zu unterhalten, mit einem Kind von vierzehn Jahren! Er hat sie vergewaltigt! Wie soll man das sonst nennen?

– Das leugne ich nicht. Sie hatten Beziehungen. Das leugne ich nicht.

– Und was für eine Entschuldigung haben Sie für ihn? Das ist immerhin Ihre Tochter! Haben Sie bemerkt, was vor sich ging?

– Ja, ich habe es bemerkt, wenn man so will . . . Notgedrungen. Aber nicht gleich am Anfang.

– Hat es denn lange gedauert?

– Drei Jahre. Also, mehr oder weniger. Sagen wir, es hat sich mehrmals wiederholt.

– Und während dieser drei Jahre haben Sie nichts gewußt?

– Auf jeden Fall nicht gleich, nicht sofort.

– Aber Sie hatten doch eine sehr enge Beziehung zu Ihrer Tochter?

– Ja.

– Und zu Maud hat sie nichts gesagt? Sie waren doch die ganze Zeit zusammen, in der Grundschule, der Oberschule?

– Nein, als Marie-Paule krank war, in der siebten, mußte sie das Jahr wiederholen, deswegen haben wir sie in eine andere Schule geschickt. Wir haben sie an die Privatschule geschickt. Da kümmern sie sich besser um die Kinder. Sie war schon so weit zurück, also mußte sie schließlich die achte Klasse wiederholen.

– War sie wie immer? Hat sie sich nicht verändert?

– Nicht sehr, wenn man so will. Sie hatte ihre Heulkrisen. Sie ist sehr nervös.

– Hat Sie das nicht beunruhigt?

– Nicht sosehr.

– Nervös, nervös, das erklärt doch aber nicht alles. Sie haben mir gesagt, daß Sie gehört haben, wie die Mädchen miteinander darüber sprachen, als Sie einmal früher von der Arbeit zurückkamen. Haben Sie dadurch alles erfahren?

– Nein, das war viel später, das war lange danach! Da hatte die Untersuchung schon begonnen. Maud wollte, daß sie auspackt, wollte, daß sie was gegen ihren Vater sagt, ihn anklagt, und Marie-Paule hat nicht gewollt, sie war wütend. Da wußte ich schon alles.

– Ach ja? Eines Tages, einfach so, waren Sie bereit, die Wahrheit zu sehen?

– Nein.

– Wie dann?

– Durch Lucien. Eines Tages ist er zusammengebrochen, er hat mir alles erzählt, von Marie-Paule.

– Und wie haben Sie reagiert?

– Ich habe geweint. Ich wollte nichts mehr hören, ich wollte niemanden mehr sehen.

– Sie hatten vorher wirklich nichts geahnt?

– Doch, aber ich wollte es nicht glauben. Und dann ging es Marie-Paule auch besser, sie hatte keine Krisen mehr. Sie war nur manchmal so seltsam, aber das war sie eigentlich immer, klar, sie war ja oft krank. Aber als er es mir erzählt hat, war es ein Zusammenbruch.

– Wie lange dauerte es da schon?

– Ich weiß nicht. Drei Jahre, hab' ich doch gesagt.

– Wie erklären Sie sich, daß Lucien sich entschloß, Ihnen davon zu erzählen?

– Er hat es mir nicht wirklich erzählt. Er hat mir eher erklärt, daß er Schwierigkeiten hat. Das habe ich übrigens auch gemerkt, er hat nicht mehr geschlafen, er war sehr nervös, er hat mehr als eine Schachtel am Tag geraucht.

– Was für Schwierigkeiten?

– Daß ich nicht glauben soll, was die Leute reden und so, daß sie ihn fertigmachen wollen, daß sie versuchen, uns auseinanderzubringen.

– Und nichts Näheres?

– Nein.

– Und Sie haben sich gedacht, daß es darum geht?

– Mehr oder weniger. Aber ich kenne die Leute, sie sind so boshaft!

– Und eines Tages hat er sich entschlossen, Ihnen alles zu sagen. Wie haben Sie sich das erklärt?

– Er konnte es nicht mehr für sich behalten, er hat sich zu allein gefühlt, er ist dran erstickt.

– War es nicht, anders als Sie sagen, so, daß sich Marie-Paule endlich entschlossen hat, mit ihrer Schwester zu reden? Ich sage ihre Schwester, denn das waren sie ja letztendlich. Das würde alles erklären. Dann hat er Angst bekommen. Ja, das ist sehr plausibel. Daß sie Ihnen nichts gesagt hat, na gut, das kann man verstehen. Aber alles für sich behalten . . . Das ist schrecklich schwer, ein solches Geheimnis.

- Nein, das stimmt nicht. Ich bin sicher, daß Marie-Paule nie mit ihrer Schwester geredet hat. Nein, es war, als Maud mit ihr gesprochen hat, als Maud angefangen hat, überall das Gerücht zu verbreiten, daß ihr Vater, also . . . nicht korrekt mit ihr war, dann erst . . . Danach ist Marie-Paule wieder krank geworden, nicht nur die Heulkrisen, sondern Erstickungsanfälle, wie vorher. Zu Hause ist es gar nicht mehr gegangen. Plötzlich haben sie sich nicht mehr verstanden, und Maud hat oft gesagt, daß sie bei einer Freundin schlafen will. Ich habe schon gemerkt, daß es zwischen den Mädchen nicht mehr läuft. Sie haben nicht mehr miteinander gesprochen. Aber ich habe nicht weiter gefragt.

- Wie erklären Sie sich das?

- Maud wollte sie zwingen.

- Was hat Ihnen Lucien genau gesagt?

- Er hatte Angst, daß sie es überall rumerzählt, daß sie erzählt, daß was mit Marie-Paule passiert ist. Er hat den Gedanken nicht ausgehalten, daß er verhaftet, verurteilt wird, wenn es bekannt wird.

- Hat er damit gerechnet?

- Mehr oder weniger.

- Und von seiner Tochter, von der Beziehung zu seiner Tochter, hat er Ihnen das auch erzählt?

- Mit ihr ist es nicht so weit gegangen. Nicht bis zum letzten auf jeden Fall.

- Das hat er Ihnen gesagt?

- Ja.

- Und Sie haben es geglaubt?

- Ja.

- Wie kommt es, daß Sie ihm geglaubt haben?

- Er war so schon unglücklich genug. Das haben sie auch beim Prozeß erklärt, daß er letztendlich ein sehr empfindlicher Mensch ist. Als sie ihn verhaftet haben, hatte ich Angst.

- Angst wovor?

- Daß er sich was antut. Daran haben die übrigens auch gedacht. Ich habe gehört, wie sie sagten, nein, wie er sagte: »Ihr müßt keine Angst haben, ich werde mich schon nicht aus dem Fenster stürzen.«

- Wäre er dazu fähig gewesen?

- Ja. Er hat diesen ganzen Klatsch nicht ausgehalten.

- Er hätte vorher daran denken sollen, finden Sie nicht? Das war etwas spät. Im Grunde ist es auch sehr bequem.

- Man darf ihm nicht zuviel aufladen. Wir sind doch alle gleich, was, niemand ist vollkommen. Alle machen Dummheiten, früher oder später.

- Mehr oder weniger schlimme allerdings.

- Ich sage ja nichts.

- Aber Marie-Paule? Hat Marie-Paule sich während all dieser Jahre nie etwas anmerken lassen?

- Nein.

- Wie war sie so im Umgang mit ihm?

- Normal. Wie ein kleines Mädchen, immer hat sie ihn irgendwas gefragt. Maud war viel unabhängiger.

- Sie war also nur so verwirrt, weil Maud mit ihr gesprochen hat?

- Ja, sie hat Mauds Beschuldigungen gegen ihren Vater nicht ausgehalten. Sie hat sehr an ihm gehangen, an Lucien. Wenn Maud nicht gewesen wär' . . .

- Was meinen Sie damit?

- Wenn Maud nicht gewesen wär', hätte es das alles nicht gegeben.

– Aber Ihre Tochter . . . Glauben Sie, daß man so ein Erlebnis einfach vergessen kann? Und daß Ihr Mann ohne jeden Schaden da rausgekommen wäre, sein Gesicht als guter Vater gewahrt hätte . . .

– Ich weiß schon, aber er ist ein guter Vater, davon lasse ich mich nicht abbringen. Und er war schon genug bestraft, als er mit angesehen hat, wie unsere Familie kaputtgegangen ist. Ich habe Ihnen doch gesagt, das war sein Ideal, ein normales Leben.

– Ja, aber er war es, der dieses Leben kaputtgemacht hat.

– Wenn ich nicht schon vorher damit angefangen hatte. Ich habe Ihnen doch gesagt, ich habe mich zu sehr zurückgezogen, war zu sehr auf ihn fixiert, und zum Schluß habe ich ihn ganz allein gelassen. Eigentlich tut es mir schon leid wegen meiner Tochter, auf jeden Fall, das ist schon eine komische Art, sein Leben zu beginnen, da sage ich nichts. Aber erst mußte uns Maud so übel mitspielen. Dabei hat sogar sie ihren Vater geliebt! Sie hätten das Gesicht sehen müssen, das sie gezogen hat, als sie ihn abgeholt haben, ganz blaß und die Lippen richtig weiß, als würde sie gleich umkippen. »Wo ist Lucien?« Aber trotzdem, es ist ihre Schuld. Wenn Maud nicht gewesen wäre, dann hätte sich das wieder eingerenkt. Es war ja schon gar nichts mehr. Und wir hätten ein gutes Leben gehabt, so wie vorher.

5. Oktober 1995

SECHSTES GESPRÄCH ENTHÜLLUNGEN

- Ich wollte nicht in Sie dringen, als wir neulich über die Fotos gesprochen haben. Aber auf diesem dort, an der Wand, in der Gruppe, ist er das nicht, ganz links?

- Ach ja, an das habe ich gar nicht mehr gedacht. Er hat es eingerahmt und an die Wand gehängt.

- Darf ich es abnehmen? Von hier sehe ich es nicht so gut.

- Nehmen Sie, nehmen Sie es ruhig, achten Sie nicht drauf, wenn Staub auf dem Rahmen ist.

- Das ist er doch, hier links?

- Ja, ganz am Rand.

- Seltsam, ich habe ihn zwar nur auf ein oder zwei Fotos gesehen, aber hier erkenne ich ihn kaum wieder.

- Er ist dünner als sonst. Aber das ist er.

- Und neben ihm, der Mann, der ihm die Hand auf die Schulter legt, wer ist das?

- Den kenn' ich nicht. Ich weiß nur, daß er Abgeordneter war, irgend so was, oder Stellvertreter vom Bürgermeister.

- Und die anderen?

- Weiß ich nicht.

- Was ist das für eine Gruppe?

- Die Freunde, von denen ich erzählt habe, die auch in Indochina und Algerien waren.

- Also ehemalige Militärs?

- Wenn Sie wollen, aber alle in Rente.

- Trafen sie sich oft?

– Ziemlich. Jeden Monat. Auch seltener, ganz verschieden. Manchmal öfter, wenn es eine Feier gab, einen Jahrestag. Irgendwas, was wichtig für ihr Leben war.

– Politische Ereignisse?

– Nein, keine Politik, das nicht.

– Haben Sie ihn manchmal begleitet?

– Niemals. Bei ihren Treffen gab es keine Frauen.

– Und hat Lucien Ihnen danach von dem Abend erzählt?

– Ein bißchen, aber das hat mich nicht so interessiert.

– Ich möchte gern, daß Sie mir mehr davon erzählen. Sie sagten Jahrestage, etwas, das wichtig für ihr Leben war. Was beispielsweise?

– Kriegsereignisse oder von Algerien, ich sage doch, ich weiß nicht viel, das ist Männersache, wie der Fußball.

– Und Sie sagen, das sei keine Politik?

– Auf jeden Fall habe ich nachher nichts mehr gehört. Das habe ich schon gesagt. Nichts. Sie haben Lucien nichts mehr geschickt, hier kommt nie mehr was an, nicht mal eine Einladung zu ihrem Bankett.

– Wann wurde das Foto aufgenommen?

– Geben Sie mal her. Ach ja, er hatte sich den Schnurrbart abrasiert, also '89 oder '90. Aber ich kann Ihnen noch andre zeigen, von vorher. Als wir in Pas-de-Calais im Urlaub waren.

– Also ohne auf das berühmte Campingmobil zu warten?

– Mit den Mädchen wäre das sowieso zu klein gewesen. Nein, wir haben gezeltet.

– In welchem Jahr war das?

– Wir sind nur einmal gefahren, '83, aber wir sind nicht lange geblieben, wir mußten zurück. Marie-Paule ist wieder krank geworden. Sie hatte Ostern schon eine Krise gehabt.

- Der Gelenkrheumatismus, von dem Sie erzählt haben?

- Ja, das hat ein paar Jahre gedauert.

- Ah, das sind diese Fotos hier.

- Gucken Sie sie ruhig an, wenn Sie Lust haben.

- Kann ich? Das ist der Zeltplatz? Ist das Ihr Zelt, hier rechts? Da sind die Mädchen?

- Ja, Maud rechts und Marie-Paule neben ihrem Vater.

- Marie-Paule ist aber groß!

- Wir hatten zwei, eins für uns und eins für die Mädchen. Dann ist es aber anders gekommen, weil Marie-Paule nicht schlafen konnte, wegen den schlimmen Schmerzen. Am Anfang haben wir nicht sosehr drauf geachtet, wir dachten, es ist wegen dem Wachstum. Aber Maud konnte nicht schlafen, weil ihre Schwester geweint hat, sie hat die ganze Nacht gestöhnt, es hat ihr so weh getan. Dann ist Maud zum Schlafen in unser Zelt gekommen.

- Und Sie haben die Kleine allein im anderen Zelt gelassen?

- Nein, Lucien ist hingegangen. Er konnte nachts sowieso nicht gut schlafen, das kam von seinem Beruf. Er war dran gewöhnt, tagsüber zu schlafen und da auch nicht viel. Wissen Sie, das sind komische Berufe, so wie Bäcker, das bringt einen total durcheinander.

- Wissen Sie, woran ich denke?

- Ja.

- Hat es da begonnen?

- Ich weiß nicht.

- Sie versuchen immer noch auszuweichen oder?

- Ich sage nur, ich weiß nicht, ob es da angefangen hat. Ich glaube, es hatte schon vorher angefangen.

- Wann?

- Zu Hause. Im Winter vorher. Im Frühling. Gegen Ostern.

- Aber das ist etwas ganz anderes, als Sie mir neulich gesagt haben! Neulich meinten Sie, daß Sie jedenfalls nichts bemerkt hätten, daß es nur Gerüchte gegeben habe, ich erinnere mich an Ihren Ausdruck, daß sich Ihr Ehemann mit den Mädchen »arrangierte«. Aber das war viel später, das war '86 oder '87, in dem Jahr, als Sie operiert wurden?

- Ja, '87 wurde mir eine Geschwulst rausgenommen.

- Und natürlich hat sich Lucien während Ihrer Abwesenheit um die Mädchen gekümmert.

- Ach, die waren doch groß, sie kamen gut allein zurecht.

- Das stimmt. Aber das ist auch ein anderes Problem. Und das war viel später. Aber über den Anfang der ganzen Geschichte haben Sie mir erzählt, daß Sie lediglich Zweifel hatten, wenn überhaupt. Daß Sie die verschiedenen Gerüchte nicht ernst genommen hätten und daß erst Lucien Ihnen alles enthüllen mußte. Jetzt verstehe ich gar nichts mehr.

- Eigentlich habe ich es von Anfang an gewußt.

- Was gewußt?

- Sagen wir, daß da was zwischen Lucien und meiner Tochter war.

- Wann? Bei diesem berühmten Campingurlaub?

- Vielleicht noch etwas vorher.

- Vorher! Und Sie haben die Augen verschlossen?

- Zu Ostern, in dem Jahr, wo wir alle zusammen zelten gefahren sind, hatten sie mir in der Oberschule erzählt, daß sie sicher sitzenbleibt. Dann hat Lucien mit ihr geübt. Er hat zwei Wochen Urlaub genommen, als sie Ferien hatte. Maud war bei ihrer Großmutter, also wäre Marie-Paule ganz alleine gewesen. Außerdem war Lucien auch ziemlich erschöpft, die Nachtarbeit war eigentlich nicht das Richtige für ihn.

- Fuhr Maud regelmäßig zu ihrer Großmutter?

- Nein, das kann man nicht sagen.

- Ab und zu? In den Schulferien?

- Nein, das war das erste Mal seit vier Jahren, seit sie zu ihrem Vater zurückgekommen war, als sie zu uns gezogen sind.

- Wollte sie unbedingt dorthin? Wo wohnt denn die Großmutter?

- In Nizza. Lucien hat vorher auch in Nizza gewohnt. Er hatte alle seine Freunde da.

- Das haben Sie mir nie erzählt. Sie ist also nach Nizza gefahren. Sicher hat sie sich gefreut.

- Eigentlich hatte sie gar keine große Lust. Sie hat geweint. Sie hatte schon einen Freund, in dieser Hinsicht war es nicht so schlecht, daß sie mal weggefahren ist, hab' ich mir damals gedacht.

- Einen Freund? Schon so früh? Ich verstehe das nicht so richtig. Sie haben mir erzählt, daß Lucien es schlecht ertragen hat, sie mit einem Jungen zu sehen, aber ich hatte verstanden, daß das viel später war, daß sie da mindestens siebzehn oder achtzehn war . . .

- Das stimmt.

- Wie erklären Sie sich, daß Lucien damals nichts gesagt hat, als sie noch sehr jung war, und daß er es dagegen so schlecht ertragen hat, als sie viel älter war?

- Damals hatte er nur Marie-Paule im Kopf. Er hat nichts andres geseh'n.

- Ich habe eine Idee, vielleicht gehe ich damit auch zu weit. Als sie diesen Flirt hatte, der Lucien so aufgeregt hat, war das nicht gerade zu der Zeit, als er eine Beziehung mit ihr hatte?

- Er hat keine gehabt! Da bin ich ganz sicher! Sie hat das bloß erzählt.

- Aber das ist doch das Verhalten eines eifersüchtigen

Mannes, finden Sie nicht? Erzählen Sie mir nicht, daß Sie nicht daran gedacht haben.

- Doch. Ich habe mir gesagt, daß er es wirklich zu krumm genommen hat. Zwei junge Leute, die sich küssen, wer hat das in dem Alter nicht gemacht? Solange es nur dabei bleibt.

- Sie haben also gedacht, daß es erstaunlich ist, daß er es so krumm nimmt, aber nicht an die Möglichkeit, daß es wieder wie mit Marie-Paule anfängt, diesmal mit seiner eigenen Tochter?

- In gewissem Sinn schon. Ich war auf alles gefaßt. Ich hatte ja schon soviel davon gesehen!

- Gehen wir nochmal zurück. Zu Ostern '83, haben Sie da entschieden, daß Maud zu ihrer Großmutter fahren soll?

- Nein, was geht das mich an? Ein Kind, das ist die Angelegenheit der Eltern. Es steht unter ihrer Verantwortung, oder nicht? Nein, das war Lucien. Er hat alles geregelt.

- Und dann war er allein mit Marie-Paule. Verzeihen Sie, aber das könnte man als vorsätzliches Handeln bezeichnen.

- Das haben sie beim Prozeß auch gesagt. Sie haben gesagt, daß Lucien es so arrangiert hat, seine Tochter loszuwerden, damit er allein mit meiner ist. Unter dem Vorwand, ihr für die Schule zu helfen.

- Und das haben Sie auch gedacht?

- Irgendwann mal vielleicht, beim Prozeß. Das beeindruckt einen so, denen zuzuhören, die wissen schon, wie sie das anstellen! Aber es stimmt nicht ganz. Ja, ich kann es nicht leugnen, das war der Moment, wo es passiert ist, also wo es angefangen hat, sagen wir, aber er hat sich auch gut um sie gekümmert! Sie hat Fortschritte gemacht am Ende vom Schuljahr. Wir haben sie die Oberschule wechseln lassen, und da war es besser mit dem Lernen. Aber letztendlich ist sie doch sitzengeblieben, als sie wieder richtig krank geworden ist, im Sommer, und im nächsten Schuljahr nicht mehr in der Schule mitgekommen ist.

- Im Sommer? Beim Zelten?

- Ja.

- Also war ihre schulische Entwicklung doch gestört, sehr gestört. Was haben sie in der Schule dazu gemeint?

- Ich sage Ihnen doch, sie ist wie ich, ihr fällt es nicht so leicht. Obwohl ihr Lucien geholfen hat.

- Und in dieser ganzen Zeit, vor allem in diesem einen Jahr, zu Ostern, da erscheint es Ihnen möglich, plausibel gar, daß ein kleines Mädchen, denn sie war dreizehn, nicht wahr? . . .

- Dreizehneinhalb, sie hat im Dezember Geburtstag, sie war im Dezember dreizehn geworden.

- . . . gut, von mir aus. Mit dreizehneinhalb ist man noch ein kleines Mädchen, ein Kind. Ein Kind, das von seinem Vater, seinem Stiefvater dazu gebracht wurde, eine Beziehung mit ihm zu haben, es erscheint Ihnen möglich, daß sie noch mit ihm arbeiten konnte? Ihre Hausaufgaben mit ihm machen, ihre Lektionen mit ihm lernen? Wie erklären Sie sich das?

- Aber trotzdem war es so. Ich sage mir, daß vielleicht noch nicht so viel war mit Lucien. Sie hat einen guten Eindruck gemacht.

- Sie nehmen also dennoch an, und ich muß Ihnen sagen, daß ich das lieber von Ihnen hören würde, daß Marie-Paule schockiert, tief verwirrt gewesen wäre, wenn die Dinge, sagen wir, sehr weit gegangen wären? Wenn es zwischen ihnen, man muß die Dinge beim Namen nennen, richtige Sexualkontakte gegeben hätte?

- Nicht unbedingt. Ich weiß nicht. Wissen Sie, als ich

meinen ersten Mann getroffen hab', war ich auch mächtig jung! Ich hab's gemacht, na gut, wir haben zusammen geschlafen, ich wollte es gern, einverstanden . . .

– Das ist ein riesiger Unterschied!

– . . . einverstanden, aber ich war auch nicht so scharf drauf. Das war nur, um ihm eine Freude zu machen . . .

– Sie werden doch nicht sagen, daß sie »es gemacht« haben könnte, ich wiederhole Ihren Ausdruck, um Lucien eine Freude zu machen?

– Nein, ich weiß nicht. Ich sage nur, daß ich auch erst später auf den Geschmack gekommen bin. Am Anfang war es mir nicht so wichtig.

– Dennoch! Das war ein Bursche in Ihrem Alter, er hat Sie zu nichts gezwungen, während Lucien, ihr Stiefvater, für sie sogar der richtige Vater, das haben Sie gesagt . . . das soll das gleiche sein?

– Nein, das sage ich nicht. Ich sage nur, daß ich bei den Männern vor Lucien, ich schäm' mich nicht, es auszusprechen, immer drauf gewartet habe, daß es vorbeigeht, und dabei hatte ich wahrlich nicht nur einen Mann.

– Mit Lucien war es anders?

– Das kann man wohl sagen! Ich habe dann erst mitbekommen, was das eigentlich ist. Und dazu mußte ich erst älter als vierzig werden!

– Ich möchte Ihnen gern glauben, ich denke, es ist sehr wichtig, was zwischen Lucien und Ihnen stattgefunden hat, das ist sogar außerordentlich wichtig, aber . . . aus einem anderen Blickwinkel. Zweifellos kommt es daher, daß Sie Lucien gegenüber entsetzlich . . . nachsichtig sind. Ich hoffe, es verletzt Sie nicht, wenn ich das sage? Ich urteile nicht über Sie. Aber . . . das hat mich von Anfang an schockiert. Ihre bedingungslose Anhänglichkeit an Lucien.

– Das haben sie beim Prozeß auch gesagt.

- Stimmen Sie zu?

- Na ja, nicht so ganz. Ich sehe das nicht so. Ich liebe meinen Mann und Punkt.

- Aber was Marie-Paule angeht, so kann man das, was Sie über sich sagen, als Sie sehr jung waren, von Ihren ersten Erfahrungen mit Liebe und Sexualität, so kann man das nicht einfach übertragen. Es bleibt das Wesentliche, daß Lucien Ihre Tochter mißbraucht hat.

- Ich weiß. Das haben sie auch beim Prozeß gesagt, daß ich nur versuche, Lucien zu schützen. Aber das stimmt nicht, ich habe nur gesagt, das solche Sachen nicht immer so sind, wie man denkt.

- Wie war das in dieser Woche, diesen vierzehn Tagen, wenn Sie von der Arbeit zurückkamen?

- Sie hat mir ihre Hefte gezeigt, als ich nach Hause gekommen bin. Ich hatte keine Ahnung davon, aber ich hatte wenigstens das Gefühl, daß sie wirklich alles gemacht hat, was sie machen sollte.

- Lassen Sie uns etwas genauer sein. Das ist wichtig, dieser Augenblick, da hat alles angefangen. Wo waren die beiden, wenn Sie hereinkamen?

- Dort.

- Hier, an diesem Tisch?

- Ja. Lucien war da und sie ihm gegenüber. Auf dem Tisch stand noch ihre Schale mit Kakao.

- Wie war Lucien, wenn Sie nach Hause kamen? Normal?

- Normal. Er war sogar ausgeruhter, weil er nicht gearbeitet hat, das ist aufreibend, diese Nachtwache, sie haben in Abständen solche Kästen, da muß man einen Schlüssel drehen, sie machen bestimmt sechs, sieben Kilometer pro Nacht.

- Darauf kommen wir später zurück. Ehrlich gesagt interessiert mich Luciens Arbeit nicht sosehr. Also?

– Er saß da, im Trainingsanzug, er hatte sich wieder einen Schnurrbart wachsen lassen, das hat mir gefallen. Sehr fröhlich. Sehr angenehm. Er hat mir geholfen, den Tisch zu decken und alles. Er hat mir irgendwelche Sachen erzählt.

– Was für Sachen?

– Daß sie einen kleinen Spaziergang gemacht haben, daß sie ihre Medizin genommen hat, daß es ihr heute nicht so schlecht gegangen ist und so weiter. Wirklich, er war fröhlich, ich hatte ihn noch nie . . .

– Warum hören Sie auf? Was wollten Sie sagen?

– Nein, nichts.

– Daß Sie ihn noch nie so gesehen hatten?

– In gewisser Weise ja.

– Und das hat Sie nicht beunruhigt? Sie haben sich gefreut?

– Natürlich.

– Aber es gibt Frauen, die sich beunruhigen, und manchmal zu Recht, wenn ihr Mann fröhlicher, aufmerksamer wird, wenn er mehr auf sich selbst achtet. Sie nicht?

– Ich würde nicht sagen, daß ich nicht daran gedacht habe.

– Aber?

– Aber ich konnte mir nicht vorstellen, wann er eine andre Frau getroffen haben kann. Er war immer zu Hause.

– Aha! . . . Und Marie-Paule? Wie war sie, wenn Sie nach Hause kamen?

– Oft etwas schroff. Aber sie war ja nie überschwenglich, nicht so wie Maud. Einmal hat sie sogar . . .

– Ja?

– Sie hat geweint, sie hat gesagt, daß sie nach Nizza will, mit Maud. Daß das nicht gerecht ist. Aber Lucien hat sie getröstet, er hat gesagt, daß wir zelten fahren, im Sommer, wenn sie wieder gesund ist. Ja, und dann sind wir ja auch zelten gefahren, wie ich Ihnen das erzählt hab'.

- Und das war alles? Sie hat sich beruhigt?

- Nein, nicht gleich. Sie ist wütend geworden und hat gesagt: »Ich will nicht, ich will nicht zelten fahren!« Sie hat wieder eine Krise gekriegt. Dann hat Lucien gesagt: »Du willst nicht, daß wir zusammen in die Ferien fahren?« »Nein, nein«, hat sie gesagt.

- Und was taten Sie inzwischen?

- Nichts, ich war ja dran gewöhnt, als sie klein war, hat sie oft so ein Theater gemacht. Ich habe ihr aus der Küche Wasser geholt, damit sie eine andre Medizin nimmt, denn der Doktor hatte gesagt, daß sie sich nicht aufregen soll. Ich war müde von meinem Arbeitstag, ich wollte nicht, daß es Szenen gibt. Ich erinner' mich noch, ich war so ungeschickt, daß ich ein Glas zerbrochen hab'.

- Und als Sie zurückkamen?

- War es vorbei. Sie hat neben Lucien auf der Couch gesessen, er hat sie im Arm gehalten, so wie als sie klein war, und gesagt: »Mein Kätzchen, mein Kätzchen, es ist vorbei.« Sie hat nicht mehr geweint. Dann hat er gesagt: »Willst du immer noch nicht, daß wir zusammen in die Ferien fahren?« – »Nein.« – »Aber was wird denn Lucien dann machen? Lucien wird ganz traurig sein.« Er hat oft in so einer Babysprache mit den Mädchen geredet, das ist mir auf die Nerven gegangen. Ich erinnere mich, sie hat ihn von unten angeguckt, und er hat gesagt: »Haben wir unseren Lucien nicht mehr lieb?« Sie hat ihm den Arm um den Hals gelegt und ganz, ganz fest gedrückt!

- Und dann?

- Wir haben uns an den Tisch gesetzt, ich war total kaputt. Aber sie hat fast nichts gegessen, sie ist gleich ins

Bett gegangen. Ich bin noch hingegangen, um sie zuzudecken, aber da hat sie schon geschlafen.

- Haben Sie dieser Szene damals Bedeutung zugemessen?

- Nicht sosehr.

- Gab es noch andere?

- Kurz, bevor wir in die Ferien gefahren sind.

- Ging sie da zur Schule?

- Ja, aber sie hat oft gefehlt. An einem Abend, als ich nach Hause gekommen bin, war sie schon im Bett, sie wollte überhaupt nicht mit mir reden, und ich habe zu Lucien gesagt: »Geh du hin, sie muß doch irgendwas essen.« Man könnte glauben, sie hat mich gehört, denn sie hat geschrien: »Nein, ich will nicht, ich will nicht, daß er kommt.«

- Ist Lucien trotzdem hingegangen?

- Nein, und dann hab' ich noch mal gesagt: »Worauf wartest du denn?« Er hat so getan, als wenn er nichts hört. Er hat seine Jacke angezogen und ist arbeiten gegangen. Da habe ich gestaunt, er hat sich doch immer so um sie gekümmert.

- Und war sie am nächsten Morgen immer noch böse auf ihn?

- Nein, am nächsten Morgen ist sie zur Schule gegangen, ganz ruhig, und gelächelt hat sie.

- Und Lucien?

- Mir ist nichts aufgefallen.

- Gab es noch andere derartige Szenen?

- Ja, zwei oder dreimal. Einmal hat sie drei Tage die Zähne nicht auseinander gekriegt. Sauer! Auf ihn, auf ihre Schwester, auf mich. Glücklicherweise sind wir in die Ferien gefahren, sonst wäre es unerträglich geworden.

- Dieses Kind ist wahrlich durch die Hölle gegangen, nicht wahr?

– Wissen Sie, solche Krankheiten, da wird man nervös von. Aber ich habe das alles schon beim Prozeß erzählt!

– Aber ich bin nicht der Richter, das habe ich Ihnen schon oft gesagt. Ich versuche nur zu verstehen. Und Ihnen zu helfen, wenn das möglich ist.

– O Gott! Mir kann keiner helfen!

– Dann, im selben Sommer, gab es diesen berühmten Urlaub am Meer. Wo war das noch?

– In Hardelot. Der Arzt hatte gesagt, sie braucht einen Luftwechsel. Ich war nicht so scharf drauf, da gibt man immer noch mehr Geld aus als sonst.

– Als jemand in ihrem Zelt schlafen mußte, weil es ihr so schlechtging, fanden Sie es normal, Lucien gehen zu lassen? Das ist schwer zu verstehen.

– Ich habe Ihnen doch schon gesagt, er war dran gewöhnt, nachts nicht zu schlafen, und außerdem hat sie nach ihm verlangt. Wenn's nach mir gegangen wär', hätte ich es vielleicht anders gemacht, auch wenn ich dann gar nicht geschlafen hätte.

– Sie hat nach ihm verlangt? Also war sie nicht mehr sauer auf ihn?

– O nein, sie haben sich bestens verstanden! In den ersten Tagen haben sie Boule gespielt und sind zusammen baden gegangen, ich hab' das Wasser noch nie besonders gemocht. Und am Anfang hatte sie auch fast keine Krisen. Und dann haben wir vor allem versucht, sie nicht zu reizen.

– Um das, was Sie sagen, so zu akzeptieren, müßte man sicher sein, daß Sie tatsächlich nichts ahnten.

– Auf jeden Fall würde ich die Hand dafür ins Feuer legen, daß damals nicht viel passiert ist.

– »Nicht viel.« Das ist dennoch zuviel, oder?

– Lucien hatte mit ihr nichts ... nichts Richtiges ... also er hat bestimmt nicht gewisse Grenzen übertreten.

– Und das finden Sie weniger schlimm? Sie stellen die Tatsachen immer so dar, daß sie an Bedeutung verlieren. Sie sagen, »daß er mit ihr nichts gemacht hatte«. Aber was es auch sei, man kann nicht sagen, es war »mit ihr«, sie hatte es sich doch nicht ausgesucht! Sie nehmen doch nicht etwa an, sie sei womöglich einverstanden gewesen, zumindest bis zu einem gewissen Punkt. Sie sei zu bestimmten Dingen bereit gewesen, zu Küssen, zu Zärtlichkeiten.

– Das habe ich mich immer gefragt. Wissen Sie, ich wollte das vor dem Gericht sagen, aber ich habe irgendwie gespürt, daß ich Lucien damit keinen Dienst erweisen würde, man hat mir zu verstehen gegeben, daß sich das für eine Mutter nicht gehört. Aber trotzdem, ich schwöre Ihnen, ich schwöre es Ihnen, was ich gesehen habe, ich werde es Ihnen erzählen, das habe ich so erzählt, wie es war.

– Sie haben etwas gesehen?

– Ja.

– Wann?

– Nach den Osterferien bin ich einmal, im Mai, früher nach Hause gekommen, weil Inventur war, und ich hatte vergessen, Lucien Bescheid zu sagen. Ich hatte meine Schlüssel nicht dabei und hab' geklingelt. Nichts. Ich habe gedacht, Lucien ist weggegangen, das hat er manchmal gemacht, das hab' ich schon erzählt, er konnte tagsüber nicht richtig schlafen. Ich hab' noch mal geklingelt. Er hat aufgemacht und hat so ein komisches Gesicht gezogen, er hatte seinen Trainingsanzug an, wie immer.

– Sie hatten ihn geweckt?

– Das hat er mir erzählt. Ich hab's geglaubt. Ich bin ins Schlafzimmer gegangen, um meine Strümpfe auszuziehen, ich habe immer geschwollene Beine vom Stehen, und da hab' ich gemerkt, daß das Bett ganz ordentlich gemacht war. Ach so, hab' ich mir gesagt, er hat auf der Couch geschlafen, und darüber hab' ich mich gewundert, weil er das nie macht, da läuft immer jemand vorbei, und davon wacht er auf. Aber ich hab' nicht so drauf geachtet.

– Und dann?

– Na ja, und dann hör' ich plötzlich die Stimme von Marie-Paule aus ihrem Zimmer: »Lucien?« hat sie gerufen: »Lucien?« – »Ach so, sie ist da?« hab' ich gefragt. »Sie ist nicht in der Schule?« Ich hatte das Gefühl, daß es Lucien peinlich war. »Nein, sie ist früher gekommen, sie hat sich nicht wohl gefühlt.« Und dann hat er sich eine Tasse Kaffee geholt, ich lasse ihm immer welchen in der Kaffeemaschine stehen. Ich war irgendwie unruhig. »Mir gibst du keinen?« hab' ich gesagt. Das war nicht seine Art, er war immer freundlich und aufmerksam. Er ist wieder in die Küche gegangen, ohne was zu sagen, und hat mir auch eine Tasse gebracht. Ich habe meinen Kaffee getrunken, und da kommt meine Marie-Paule rein, nur mit T-Shirt und Gymnastikshorts, die sie immer zu Hause anhat. »Du bist da?« fragt sie. »Ich habe dich gar nicht reinkommen gehört.« Das ist alles. Aber sie war ganz rot, und wie!

– Haben Sie etwas zu ihr gesagt?

– Nein, ich war bescheuert. In meinem Kopf lief gleich ein Film ab. Ich hab' nicht gewußt, was ich davon halten soll. Ich hab' mir gesagt, das kann nicht sein, sie können doch nicht zusammen geschlafen haben! Rundheraus. Wie soll ich es Ihnen sagen? Sie hatten irgendwie den gleichen Ausdruck.

– Jetzt haben Sie keine Angst vor den Worten. Sie haben nicht gezögert. Was für einen Ausdruck, was meinen Sie mit »Ausdruck«?

- Das kann ich wirklich nicht erklären.

- Haben sie manchmal zusammen Mittagsschlaf gemacht?

- Früher ja, sehr oft. Als sie klein war, war das ganz normal. Sie kam aus der Schule, aß ihr Vesperbrot und hop! machte sie ihr Schläfchen bei ihm.

- Woher wissen Sie das? Normalerweise waren Sie doch gar nicht da.

- Das haben sie mir erzählt. Hören Sie, Lucien hat vielleicht Fehler gehabt, aber er ist jemand, der . . . nichts Schlechtes an sich hat. Das kommt Ihnen vielleicht komisch vor, wenn ich das von jemandem sage, der im Gefängnis ist, aber es stimmt. Er ist ein Mann mit großen Schwächen, wie jeder, aber er hat eine ganz wichtige Eigenschaft. Er ist nicht so gewunden wie manche anderen. Er ist immer gradeheraus.

- Und das zu sagen, muß man eines Menschen wirklich sicher sein. Sind Sie seiner so sicher?

- Ja, o ja, ohne jeden Zweifel.

- Kehren wir zu jenem Tag zurück, als Sie früher nach Hause kamen. Ungeachtet dessen, was Sie mir von ihren Gewohnheiten erzählt haben, da haben Sie nicht gezögert, sondern gleich an das Schlimmste gedacht. Es sah also nicht aus wie ein normaler Mittagsschlaf.

- Nein. Ich kann nicht erklären, warum, aber so hat es nicht ausgeseh'n.

- Der Beweis ist, daß beide nichts gesagt haben. Und deswegen hatten Sie einen ganz klaren Verdacht.

- Ja, ich sag' Ihnen doch, ich hab' Angst gehabt. Wissen Sie, Marie-Paule war immer groß für ihr Alter, vielleicht nicht so niedlich wie Maud, das gebe ich zu, aber schon sehr früh ziemlich fraulich. Nicht eitel, nein, nicht wie Maud, immer vor dem Spiegel und sich die Augen anmalen. Nein, so war sie nicht, lieber Jeans, Shorts,

Turnschuhe, aber der Körper schon sehr reif, kein Zweifel. Weiblich.

– Denken Sie daran, vergessen Sie es jetzt nicht, sie war erst dreizehn Jahre alt!

– Das weiß ich schon. Und dann hab' ich mir gesagt, nein, das kann nicht sein, du bildest dir was ein, was ist nur in dich gefahren? Ich hab' mich sogar geschämt, so einen Verdacht zu haben!

– Einen Verdacht gegen Lucien?

– Nein, gegen beide. Ich hab' beide verdächtigt. Ich habe mir gesagt, daß ich mir was einbilde. Dabei hab' ich genau geseh'n, was da vor sich gegangen ist, aber ich hab' mir gesagt, daß ich mir was einbilde.

– Was genau ging vor sich?

– Sagen wir, Marie-Paule hat mehr und mehr an Lucien gehangen.

– Nach dem Tag, an dem Sie die beiden überrascht hatten, als sie gerade zusammen Mittagsschlaf oder so machten?

– Ja, von da an habe ich sie mehr beobachtet, zwangsläufig. Sagen wir, es fällt mir schwer, aber es stimmt, sie war geradezu verliebt in ihn.

– Und er in sie?

– Ja. Vielleicht war es deswegen, daß er es sich nicht getraut hätte. In dem Moment.

– Was meinen Sie? Sich was getraut?

– Wirklich mit ihr zu schlafen. Aber er konnte sich nicht zurückhalten, die ganze Zeit hat er sie berührt, ihre Haare gestreichelt, ihre Hand genommen.

– Hat Maud das alles gesehen?

– Sie war eher mit ihrem Freund beschäftigt, aber einmal hat sie trotzdem gesagt: »Ach, das Liebespaar, geniert euch nur nicht.«

– Wie haben Sie darauf reagiert?

– Ich hab' ihr eine runtergehauen.

– Und Lucien?

– Nichts. Er hat nichts gesagt.

– Wie hat Maud das aufgenommen? Hatten Sie sie vorher schon geohrfeigt?

– Nie. Sie hat gesagt: »Das ist ja ein richtiges Irrenhaus hier!« und mehr nicht. Sie war mit dem Kopf woanders.

– Marie-Paule hat das gehört, ohne etwas zu sagen?

– Sie ist in ihr Zimmer gerannt.

– Und wie hat sich Lucien in dieser ganzen Zeit Ihnen gegenüber verhalten? War er so nett und aufmerksam wie gewöhnlich?

– Immer gleich.

– Und sonst, im Intimbereich, Sie verstehen schon?

– Sagen wir, ich war es, die sich nicht wohl gefühlt hat, ich wollte oft nicht. Ich war verwirrt. Ich war kopflos. Also können Sie sich denken, wie ich vor Gericht rumgeeiert habe. Ich hab' gespürt, daß alles, was ich sagen könnte, gegen Lucien sprechen würde.

– Wenn Sie jetzt daran zurückdenken, und Sie reden ganz und gar nicht vor den Richtern, was hat Ihnen solche Angst gemacht? Was hat Sie so verwirrt? Daß Lucien diese Beziehung zu Ihrer Tochter hatte? Daß Ihre Tochter, ich würde nicht sagen verliebt war, aber unter dem Einfluß ihres Stiefvaters stand? Erklären Sie es mir.

– Ich weiß nicht. Das hat sich alles vermischt. Ich glaube, daß ich am meisten auf meine Tochter eifersüchtig war. Ja, ich glaube, das war am stärksten.

– Haben Sie das vor Gericht gesagt?

– O nein, das hätte ich nie gekonnt.

– Und wie äußerte sich das?

– Ich hab' es ihr übelgenommen, Lucien so zu erleben, wie er sich immer um sie gekümmert hat. Man muß dazusagen, daß es ihr damals oft schlecht gegangen ist.

– Haben Sie nie daran gedacht, daß es eine Verbindung, eine direkte Verbindung zwischen ihrer Krankheit und dieser so unnatürlichen, so heftigen Beziehung zwischen einem jungen, sehr, sehr jungen Mädchen und ihrem Stiefvater gab?

– Das haben sie beim Prozeß auch gesagt. Ein Doktor.

– Aber Sie, haben Sie diese Verbindung hergestellt?

– Nein, heftige, heftige Beziehungen, das würde ich nicht sagen.

– Aber trotzdem war es letztendlich ganz gewiß so. Nein? Sie glauben es nicht?

– Ich weiß nicht.

– Hat Lucien Ihrer Meinung an dieser Stelle Halt gemacht?

– Nein. Wahrscheinlich nicht.

– Also?

– Ich weiß nicht, was ich Ihnen sagen soll. Lucien ist bestimmt nicht gewalttätig. Aber ein Mann, na ja, der hört nicht mittendrin auf. Er muß bis zum Ende gehen. Das hab' ich beim Prozeß gesagt.

– Das haben Sie gesagt?

– Ja, das habe ich beim Prozeß gesagt. Aber sie haben nicht auf mich gehört. Die hatten ihre Ideen im Kopf, die waren so wie Sie, sie war dreizehn, und Lucien hat sie vergewaltigt. Immer wieder kamen sie darauf.

– Aber sie hat eine solche Fortsetzung der Beziehung doch sicher, zwangsläufig, als Vergewaltigung erlebt. Mit dreizehn Jahren!

– Das kann ich Ihnen nicht sagen. Ich war überfordert. Die beiden so zu sehen, daß hat mich überfordert.

– Ganz am Anfang, als Sie bemerkten, wie sehr sie sich an Lucien band, haben Sie da nicht versucht einzugreifen? Mit Ihrer Tochter zu reden? Ihr, Marie-Paule, zu sagen, daß ihre Beziehung zu Lucien vielleicht zu weit ging, unabhängig davon, was genau zu jener Zeit zwischen ihnen vorging?

- Nein, ich konnte nicht.

- Wie?

- Da gibt's nichts zu sagen, ich war ihnen dafür böse, ich war eingeschnappt.

- Mit beiden?

- Mit Lucien weniger.

- Warum?

- Ich sage immer, ein Mann wird durch die Frauen angezogen, klar, ein normaler Mann, und sie war ja nicht seine Tochter. Also? Eine Junge, die gefällt ihnen immer. Ich sage nicht, daß es mir keinen Kummer gemacht hat, aber ein Mann ist ein Mann.

- Sie hätten versuchen können, die beiden zu trennen.

- Wo sollte ich meine Tochter denn hinstecken?

- Sie hätten aber immerhin mit Lucien reden können?

- Ja, aber das hab' ich nicht gemacht.

- Mir ist aufgefallen, daß Sie oft im Plural von ihnen sprechen, daß Sie zwischen den beiden in dieser Geschichte nicht trennen. Irgendwie sahen Sie sie wie ein Paar. Wie es gewesen wäre, wenn Lucien eine Beziehung außerhalb der Ehe gehabt hätte.

- Ja, das war auch so ähnlich. Jetzt, wo Sie das sagen, ja, das stimmt. Damals bin ich nicht so weit gekommen beim Überlegen.

- Dann kamen die Ferien, die Geschichte mit den Nächten im Zelt. Meinen Sie, da ist es weitergegangen?

- In gewisser Weise ja.

- Wie in gewisser Weise? Hat sich ihre Beziehung da oder schon vorher geändert, indem Lucien über, sagen wir einfache Liebkosungen hinausgegangen ist . . . Ich bin nicht gern so explizit, aber wie soll man es sonst verstehen?

– Am Ende der ersten Woche habe ich gemerkt, daß irgendwas nicht stimmt. Und dann hat sie an einem Morgen gesagt: »Ich möchte ins Krankenhaus zurück, da hat man mich wenigstens gut gepflegt.«

– Wann war sie im Krankenhaus gewesen?

– Ende März, wegen den Untersuchungen, da haben sie rausgekriegt, was sie hatte. Das war damals nicht gut gelaufen, sie war nur vier oder fünf Tage da, aber jeden Abend hat sie ein Riesentheater gemacht, daß wir sie mitnehmen sollen.

– Wie erklären Sie sich dann ihren Wunsch, dorthin zurückzukehren, wenn nicht damit, daß sie etwas ablehnte? Ihre Krankheit war doch nicht schlimmer geworden?

– Nein.

– Und Sie haben sich nicht gefragt, warum sie nicht lieber wollte, daß ihre Schwester, also Maud, zu ihr zurückkommt oder daß Sie anstelle von Lucien die Nacht bei ihr im Zelt verbringen?

– Doch. Aber ich hab' doch schon gesagt, sie ging mir auf die Nerven, ich konnte sie nicht mehr ertragen. Und das ist nicht besser geworden, im Gegenteil. Wir sind nach Hause gefahren.

– Das hat schließlich das Problem mit den Nächten gelöst. Aber warum sagen Sie, es ist nicht besser geworden?

– Weil es Lucien auch nicht gut gegangen ist. Er hat sowieso nicht viel geschlafen, aber da gar nicht mehr. Er hat nichts gegessen, kaum was gesagt, gib das Brot rüber und so. Wenn Sie die Stimmung zu Hause erlebt hätten! So dicke Luft, daß man sie mit dem Messer hätte schneiden können.

– Und Maud?

– »Ihr seid nicht sehr unterhaltsam«, meinte sie. Und dann ist sie verschwunden. Hing mal hier, mal da rum, mit irgendwelchen Kamels, Karims, das hat mir gar nicht gefallen. Aber ich hatte was andres im Kopf.

– Und wie lange hat diese Stimmung angehalten?

– Den ganzen September. Anfang September konnte Marie-Paule nicht wieder in die Schule, sie war zu Hause, hat geflennt und gewollt, daß wir ihr das Essen ans Bett bringen. Ich konnte nicht mehr. An einem Abend, das war der Gipfel, Lucien war zur Arbeit gegangen, mindestens eine Stunde zu früh. Ich bin von der Arbeit gekommen. Maud war unterwegs wie immer. Ich war schon lange nicht mehr mit meiner Tochter allein gewesen. Sie hat mich sofort angefaucht, daß sie allein Angst hat, daß ich nie zu Hause bin und so weiter. Ich war entnervt, ich hab' gesagt, sie soll sich beruhigen, sonst . . .

– Sonst?

– Ich weiß nicht, würden wir sie in ein Heim stecken, ein Heim für kranke Kinder. Ich hab' gebrüllt, war nicht mehr ich selbst! In der Hinsicht hatte Maud recht, das war wirklich ein Irrenhaus.

– Und dann?

– Hat sie einen Heulkrampf gekriegt. »Mama, Mama«, hat sie gesagt, »ich will nicht, daß du mich verläßt!« Und gleich danach: »Ja, ich will weg, ich will in das Heim, ich will dich nicht mehr seh'n, ich will euch nicht mehr seh'n!«

– Hat sie »dich« oder »euch« gesagt?

– »Dich« seh'n. »Euch« seh'n.

– Also auch Lucien?

– Ich hab' ihr ihre Tablette gegeben, und in dem Moment ist Lucien gekommen. Er hatte seine Tasche vergessen. Als er gesehen hat, in was für einem Zustand wir beide sind, ist er bleich geworden, ganz bleich.

– Er dachte, daß sie Ihnen womöglich was erzählt hat?

– Vielleicht. Er hat mir leid getan.

– Wie, leid getan?

– Er wußte nicht mehr, wo ihm der Kopf steht. Ich war entnervt, Marie-Paule hat geschrien: »Ich will dich nicht mehr seh'n« und so weiter. Er hat mich angeguckt, und wie er mich angeguckt hat, ich kann es Ihnen nicht beschreiben! Das war ein unglücklicher Mann, das war alles, was ich geseh'n hab'. Er hat die Zähne zusammengepreßt und gesagt: »Ich kann nicht mehr, ich kann nicht mehr.«

– Ist er gleich wieder gegangen?

– Ja.

– Und Sie, was haben Sie gemacht?

– Ich bin auf Marie-Paule losgegangen. Ich hab' gebrüllt: »Verschwinde in dein Zimmer, verschwinde in dein Zimmer!« Ich kann es nicht anders sagen, ich hab's an meiner Tochter ausgelassen.

– Inwiefern?

– Ich war bestimmt kein schöner Anblick, ich bin in ihr Zimmer gegangen, als sie mich geseh'n hat, hat sie gleich aufgehört zu weinen, sie hat mit offenem Mund dagestanden und mich angestarrt. »Schämst du dich nicht? Siehst du, was du mit deinem Vater machst? Siehst du, wie müde er ist? Willst du, daß er krank wird, oder was?« Ich hab' geschrien wie eine Wilde. »Was willst du eigentlich? Lucien kann nicht mehr, das hast du eben gehört, er kann nicht mehr. Und ich auch nicht, ich kann auch nicht mehr. Und deine Schwester, was glaubst du, warum die sich immer rumtreibt? Weil keiner es mehr mit dir aushält. Böses Mädchen!« Ich weiß nicht, was ich noch zu ihr gesagt hab'. Jetzt tut mir das leid, aber so ist es gewesen.

– Und sie?

– Nichts. Sie stand da, einfach so, hat mich angeguckt, dann hat sie sich umgedreht, hat sich auf ihr Kissen geworfen und ohne Ende geweint! Ich war schon in der

Küche, aber dann bin ich zurückgekommen, hab' mich auf ihr Bett gesetzt, hab' versucht, sie in den Arm zu nehmen, aber sie war steif wie ein Stock, oh, das hat mir so weh getan! Ich hab' auch angefangen zu weinen. Aber da war nichts zu machen. »Mein Töchterchen«, hab' ich gesagt, »mein Töchterchen, guck mich doch an. Mama hat die Nerven verloren, aber jetzt ist es vorbei. Sie hat nicht aufgehört. Dann bin ich rausgegangen, und als ich wieder reinkam, hat sie geschlafen. Sie hatte sich nicht mal ausgezogen, hat gleich so geschlafen. Ich hab' ihr die Sachen ausgezogen, wie als sie ein Baby war, sie ist oft so eingeschlafen, und hab' sie unter die Decke gelegt. Sie hat den Arm um meinen Hals gelegt und irgendwas gesagt, das ich nicht verstanden habe.

- Und am nächsten Tag?

- Nichts. Sie ist zum Frühstück gekommen, ganz blaß, und hat fast nichts gegessen, dann hat sie sich wieder hingelegt.

- Und dann?

- Das gleiche. Sie war ruhiger, aber sie hat kaum drei Worte gesagt. Wir haben mir ihr gesprochen, es war so, als wenn sie nichts hört, sie hat alles mit sich machen lassen, wir haben ihr alles angeboten, willst du noch davon? Sie hat nein gesagt, sie hat gegessen, was sie auf dem Teller hatte.

- Und mit Lucien?

- Zuerst hat er sich nicht so recht getraut, dann hat er versucht, sie zum Lachen zu bringen, er hat sie an der Schulter genommen oder umarmt, so wie früher. Sie hat alles mit sich machen lassen. Es gibt kein andres Wort. Und das ist so weitergegangen.

- Ist Ihnen bewußt, was Sie da sagen? Sie hat alles mit sich machen lassen, sagen Sie. Mir läuft es kalt den Rükken runter. Sie hatte keine Widerstandskraft mehr.

– Nein, das konnte man glauben.

– Also Widerstand gegen gar nichts? Und Sie haben daran gedacht?

– Ja.

– Wirklich? Haben Sie sich gesagt, daß sie auch aufgehört hat, Widerstand gegen Lucien zu leisten?

– In einem Sinn. Aber ich wollte nicht zu viel dran denken. Ich hab' nur geseh'n, daß es zu Hause besser gegangen ist, daß Lucien ruhiger war, er sah zwar nicht viel besser aus, immer noch so gequält, aber es hat keine Szenen mehr gegeben. Ich konnte nicht mehr mit diesen ganzen Szenen.

– Ist Ihnen bewußt, daß in gewissem Sinn Sie ihren Widerstand gebrochen haben?

– Nein, das wollte ich nicht, nein.

– Trotzdem, Sie haben ihr zu verstehen gegeben, daß die Lösung für sie darin bestand . . . also . . . wie Sie sagen, alles mit sich machen zu lassen . . .

– Ich wollte das nicht, nein, ich wollte das nicht! Eigentlich sind Sie genauso wie der Richter! Oh, wenn Sie wüßten, was der Richter gesagt hat! Ich könnte es niemals wiederholen, das ist zu hart.

– Sagen Sie es mir nur, wenn Sie wollen, ich zwinge Sie zu nichts, das wissen Sie doch.

– Er hat gesagt: »Madame, Sie müßten hier sitzen, Sie haben die Kleine in das Bett ihres Stiefvaters getrieben!«

– Das entlastet Lucien in keiner Weise. Aber man kann nicht umhin, so zu denken.

– Nein, niemals! Das stimmt nicht! Ich wollte, daß wir uns alle gut verstehen, so wie vorher! Ich hab' es nicht ausgehalten, daß unsere Familie in Stücke gegangen ist und Lucien, o nein, dieser gequälte Blick, das war zuviel für mich. Wer weiß, wozu er fähig gewesen wäre!

– Und Marie-Paule? Haben Sie sich nie gesagt, daß Sie

ihre Tochter zum Letzten trieben, daß auch sie zu allem fähig sein könnte?

– Nein, das nicht. Sie ist wie ich. Sie ist stabil. Wir sind hart im Nehmen. Nein, sie wär' nie fähig gewesen, das zu machen. Und dann hat es sich endlich wieder gelegt.

– In welchem Sinn?

– Ich hab' gemerkt, daß er nicht mehr so zu ihr war wie vorher. Mehr Abstand.

– Glauben Sie, das war ein Täuschungsmanöver? Vielleicht hat er nur aufgepaßt, daß man es nicht merkt.

– Wissen Sie, es ist schrecklich. Bei einem Mann hält es nie lange. Das muß ich ja wohl wissen. Ich weiß nicht, was er genau wollte, aber er hatte es gekriegt, und ein Mann, wenn er gekriegt hat, was er wollte . . . Niemand hat wirklich nachgeguckt. Er ist der einzige, der es weiß.

– Jetzt sind Sie nicht aufrichtig. Sie haben mir gesagt, es habe drei Jahre gedauert, daß er es Ihnen sogar gestanden hat.

– Vielleicht. Aber er hat mir vor allem gesagt, daß er verrückt nach ihr gewesen ist.

– Und vor dem Gericht hat er diese Tatsachen nicht zugegeben.

– Letztendlich hat er nachgegeben. Er hat gesagt, daß es dies und das gegeben hat, das gibt er zu, und der Richter hat gesagt: »Aber man muß die Dinge beim Namen nennen! Das heißt Vergewaltigung!« Lucien war des Streits müde und hat gesagt: »Wenn Sie wollen.« Alle waren gegen ihn. Sie hatten immer nur das eine Wort im Mund. Vergewaltigung! Vergewaltigung! Vergewaltigung!

– Und für Sie?

– Für mich war es so: Da war was, ja, ich sage ja nichts andres, aber was es genau gewesen ist? Vielleicht hat er danach noch mal einen Rückfall gehabt, ein oder zweimal noch, aber das war alles. Das ist die Wahrheit. Und die Fortsetzung kennen Sie ja. Dann kamen die ganzen Geschichten wegen Maud, und der schlechte Einfluß, den andre auf sie hatten. Das ist die Wahrheit.

– Ihre, die, die Ihnen paßt.

– Oh, was paßt mir schon!

Paris, 13. Oktober 1995

Liebe Madeleine,

ich bin nicht sehr erstaunt über Ihre Reaktion, ehrlich gesagt, hatte ich ein wenig damit gerechnet. Aber ich kann Sie sofort beruhigen: Sie sind völlig frei, nichts zwingt Sie, unsere Gespräche fortzusetzen.

Ihr Brief ist übrigens nicht sehr deutlich. Ich stehe ganz zu Ihrer Verfügung. Wenn Sie mich wiedersehen und unsere Unterhaltung fortsetzen wollen, so kann das jederzeit geschehen. Und wenn Sie eine Weile überlegen wollen, lassen Sie es mich wissen. Ich werde nur Anfang November ein oder zwei Wochen unterwegs sein.

Ich verstehe sehr gut, wie schwer es für Sie war, auf eine so schmerzhafte Vergangenheit zurückzukommen. Das war ein Risiko, das ich Ihnen von Anfang an nicht verschwiegen hatte. Ich hatte den Eindruck, daß Sie es im Verlauf unserer Gespräche immer besser akzeptiert haben, daß es Ihnen vielleicht sogar in gewisser Weise geholfen hat.

Deshalb wäre ich ein wenig traurig, wenn ich annehmen müßte, daß Sie jetzt das Vertrauen, mit dem Sie zu mir gesprochen haben, mehr oder weniger bedauern. Wenn Sie wollen, schicke ich Ihnen eine Kopie aller Bänder. Sie können sie in Ruhe anhören.

Machen Sie sich keine Sorgen wegen des Radiorecorders, behalten Sie ihn, so lange Sie wollen.

Sie wissen, daß Sie mich immer erreichen und auf mich zählen können, soweit ich Ihnen helfen kann. Egal, wie dieses Projekt weitergeht und endet, Sie sollen wissen, daß ich voller Dankbarkeit bin, daß Sie sich darauf eingelassen haben.

Mit den herzlichsten Grüßen

Sophie

Paris, 10. Juni 1996

Liebe Madeleine,

ich habe Ihren Brief mit großer Verspätung erhalten, da ich zwei Monate nicht in Paris war, und die schmerzliche Nachricht hat mich sehr berührt. Ich hatte seit dem letzten Oktober mehrfach daran gedacht, Ihnen zu schreiben, aber ich wollte nicht den Eindruck machen, Sie zur Fortsetzung unseres Projekts zu drängen. Ich hätte nie gedacht, daß ein so trauriger Anlaß uns wieder in Kontakt bringen würde. Wir haben im letzten Jahr lange genug miteinander geredet, daß ich ermessen kann, wie sehr der Tod von Monsieur Dumonchel Sie einsam und verzweifelt zurückläßt.

Ich versichere Sie der tiefsten Anteilnahme und meiner herzlichen Zuneigung,

Sophie.

Paris, 11. Dezember 1996

Liebe Madeleine,

ich habe Ihr Schweigen während der letzten Monate respektiert, denn ich nahm an, nach dem, was geschehen ist, hatten Sie andere Sorgen als unser Projekt. Aber da Sie es wünschen, werde ich Sie sehr gern wiedersehen. Ich kann am 20. oder 21. in Saint-Colmer sein.

In herzlicher Freundschaft und mit der Hoffnung, daß es Ihnen wieder gutgehen möge,

Sophie.

21. Dezember 1996
LETZTES GESPRÄCH

– . . . so, endlich läuft es, doch, doch.

– Dann ist es ja gut.

– Wollen Sie wirklich, daß wir alles auf Band aufnehmen? Ist das nötig? Ich habe Ihnen schon gesagt, ich glaube nicht, daß wir . . . daß wir jetzt noch . . .

– Doch, doch, es ist mir lieber. Danke, daß Sie so schnell gekommen sind.

– Was ist los? Ich wollte Sie schon vor einiger Zeit besuchen, aber ich habe nicht gewagt, Sie zu stören.

– Haben Sie den Riegel vorgeschoben?

– Nein, ich habe die Tür nur rangezogen. Als ich kam, war die Tür nicht verschlossen.

– Machen Sie bitte richtig zu? Wenn ich allein bin, laß ich offen, der Arzt hat gesagt, ich soll den Riegel nicht vorschieben, seit ich mal umgekippt bin. Sind Sie sicher, daß Ihr Apparat funktioniert?

– Natürlich, warum?

– . . .

– Fühlen Sie sich heute besser?

– Besser, nein, ich werde mich nie gut fühlen, aber ich hab' grad meine Spritze gekriegt, danach kriege ich leichter Luft.

– Was ist geschehen?

– Eines Morgens ist es plötzlich losgegangen. Schmerzen, hier, in der Brust. Es ging von der Achsel bis runter in die Hand, und gleichzeitig hab' ich gedacht, ich ersticke.

– Gibt es niemanden, der Ihnen hilft?

– Da ist eine Frau, die Sie nicht kennen, sie hat die

Wohnung direkt unter mir genommen, die kommt regelmäßig rauf mich besuchen. Klar doch, ich bin blöd, das ist die, die in *Les Roitelets* gewohnt hat, sie ist hierhergezogen, sie hatte einen Sohn im Gefängnis, dadurch haben wir uns kennengelernt. Ansonsten komme ich schon zurecht. Eine Zeitlang ging es mir ein bißchen besser. Aber dann hat es einen neuen Anfall gegeben. Wenn es noch mal kommt, hat der Doktor gesagt, muß ich wieder ins Krankenhaus.

- Waren Sie lange dort?

- Nein, nur für die Untersuchungen, sie haben ein Kardio . . ., ein Elektrokardiogramm gemacht und mir ständig Blut abgenommen, Analysen und so weiter. Mein Herz ist sehr, sehr müde.

- Vielleicht wäre es besser, vorsichtiger, nicht allein zu bleiben . . .

- Nein, ich will nicht, ich will hierbleiben, hier bin ich zu Hause, mit meinen Erinnerungen.

- Ich verstehe. Aber irgend jemand müßte bei Ihnen sein.

- Meine Söhne kommen ab und zu vorbei, der Zweite, der Große kann nicht oft. Er hat viel zu tun, und außerdem hab' ich mich nie mit meiner Schwiegertochter verstanden.

- War er es, der mich anrief, um mir zu sagen, daß Sie einen Herzanfall hatten? Ich habe gleich versucht, Sie zu erreichen, aber die Nummer scheint nicht mehr zu stimmen. Und dann erhielt ich Ihren Brief.

- Ich mußte sie vor einer Weile ändern, kurz danach. Sie können sich nicht vorstellen, was ich zu hören gekriegt hab'. Und auf der Post haben sie mich auf eine Spezialliste gesetzt, jetzt sagen sie meine Nummer nicht mehr an.

- Was meinen Sie? Wer hat Sie angerufen?

– Nachts. Leute, die ihren Namen nicht verraten, das kann ich Ihnen sagen, anonyme Anrufe sozusagen. Und um das zu hören! Daß ihm Recht geschehen ist und daß . . . und so weiter. Daß sie ihm keine Träne nachweinen. Und noch andre Sachen, die ich nicht wiederholen kann.

– Aber Sie hätten die Polizei benachrichtigen müssen! Haben Sie eine Vorstellung, wer das gewesen sein könnte?

– Jetzt, bis sie meine neue Nummer rauskriegen . . . Aber die Polizei benachrichtigen, danach stand mir nicht der Sinn. Und wozu sind die schon fähig? Nein, ich meine, das sind immer die gleichen. Aus dem Viertel. Nachbarn. Sie waren neidisch auf uns. Das war direkt danach, wie gesagt, und jede Nacht. Nein, Sie können sich das nicht vorstellen. Das hat gut sechs Monate gedauert. Mal haben sie aufgehört, und ich dachte, es ist vorbei. Dann hat es wieder angefangen. Es war zum Verrücktwerden. Ich glaube, deswegen hab' ich den Herzanfall gekriegt. Wissen Sie, das alles hat mich einfach zu sehr fertiggemacht. Was zuviel ist, ist zuviel.

– Ich weiß. Ich war sehr betroffen, als ich erfuhr . . .

– Ja, ich weiß. Danke. Wer hätte geahnt . . . Ich wollte Ihnen sofort Bescheid sagen lassen.

– Zu diesem Zeitpunkt wußte ich nicht, ob Sie sich freuen würden, wenn ich Sie besuche, ich dachte, Sie bräuchten vor allem Ruhe.

– Ruhe? Oh, davon hab' ich jetzt mehr als genug.

– Und Ihre Töchter? Marie-Paule?

– Ich sehe sie nicht oft. Sie kriegt ihr zweites Kind und hat nicht viel Zeit.

– Ach so! Wie geht es ihr? Und der kleinen Tochter? Wie alt ist sie jetzt?

– Etwas mehr als ein Jahr.

– Ich erinnere mich, als ich zum erstenmal kam, strickten Sie gerade ein Jäckchen für das Baby.

– Nein, eine Decke. Aber das ist alles Schnee von gestern.

– Sehen Sie sie ab und zu?

– Nein, sie hat immer zu tun.

– Aber es geht ihr gut jetzt, sie hat sich richtig erholt, sie ist glücklich mit ihrer kleinen Familie? Arbeitet sie?

– Ich weiß nicht. Wahrscheinlich.

– Sie sind doch nicht böse auf sie?

– Nein. Böse nicht, ich nicht.

– Und . . . und Maud?

– Die habe ich nie wiedergeseh'n. Ich will sie nicht seh'n. Sie hat erst gestern wieder versucht, mich anzurufen. Ich weiß nicht, wer ihr die Nummer gegeben hat.

– War es das erstemal seit dem Tod ihres Vaters?

– Nein. Sie hatte versucht, mich zu besuchen, aber ich wollte nicht.

– Ich habe mich schon gefragt, ob sie sich bei Ihnen melden, Ihnen schreiben würde.

– Als sie angerufen hat, gestern, war noch die Schwester da, wegen der Spritze. Ich hab' den Kopf geschüttelt, daß ich sie nicht sprechen will. Ich würde um nichts in der Welt mit ihr sprechen. Sie traut sich sogar . . .! Mich so zu verhöhnen!

– Ich kann Sie gut verstehen, aber es ist doch eher ein Zeichen von Freundlichkeit, daß sie sich nach Ihnen erkundigt.

– Sie ist schuld, daß ich krank bin. Nein, nein, das sage ich Ihnen. Sie will mich verhöhnen. Sie will sich angucken, was sie angerichtet hat. Das ist alles ihre Schuld. Ich werde ihr nie verzeihen, niemals . . . Oh, entschuldigen Sie.

– Ich gehe lieber, ich will Sie nicht anstrengen.

– Sie strengen mich nicht an, aber ich muß einfach weinen, das kommt ganz von selbst, die Tränen fließen und fließen, ich kann nicht aufhören. Es ist doch schon fast sechs Monate her, aber ich kann es immer noch nicht glauben!

– Ich weiß. Meinen Sie nicht, daß es wirklich besser wäre, das Gerät auszuschalten?

– Nein, lassen Sie es an, ich bin sehr froh, daß Sie gekommen sind. Ich sage mir oft, Sie sind ein guter Mensch, ich habe Ihnen alles gesagt, was ich auf dem Herzen hatte. Das ist schon was, wo ich doch niemand vertrauen kann. Nachts, wenn ich nicht schlafen kann, denke ich an alles, was mir passiert ist. Jedesmal, wenn ich ihn besucht hab', haben wir darüber geredet, was wir danach machen werden. Alles andere war egal.

– Wie erschien er Ihnen?

– Müde. Er war nicht mehr derselbe ... Aber deswegen zu denken ... Ich sag' mir immer, er hat zuviel erlebt, es war zu hart, und dann die ganzen Jahre, da eingesperrt, nichts machen können, immer wieder darüber grübeln.

– Wie lange war er im Gefängnis?

– Vier Jahre. Etwas mehr. Also habe ich versucht, ihn aufzurichten, ihm zu sagen, wir machen dann dies und das. Aber ich hab' schon gemerkt, daß er keinen Sinn dafür hatte. Und dann, an einem Morgen, haben sie ihn so gefunden. Ich hatte ihn zwei Tage vorher noch gesehn.

– In seiner Zelle?

– Aufgehängt.

– Aufgehängt?

– Ja, er hat sich aufgehängt. Wußten Sie das nicht?

– Nein, ich habe nur die Anzeige erhalten.

– So war es jedenfalls. Schließlich haben sie ihn gekriegt.

– Ich weiß nicht, was ich Ihnen sagen kann. Das hätte ich mir nie vorgestellt. Nach dem, was Sie mir gesagt hatten, dachte ich nicht an so etwas.

– Ich auch nicht. Das ist zuviel, Sophie, das ist zuviel. Ich mach' mir Vorwürfe, das können Sie sich nicht vorstellen! Sie haben ihn dazu getrieben, wie soll man das Ganze sonst begreifen? Oder was kann sonst in seinem Kopf abgelaufen sein? Warum, warum? Das geht gegen mich. Das geht gegen mich, daß er das gemacht hat. Ich hab' versagt.

– Was ich jetzt sagen werde, wird Sie vielleicht schokkieren, das weiß ich, aber er hat es so gewollt, er selbst. Das geht weder gegen Sie noch gegen jemand anderen. Das ist eine Angelegenheit, die er mit sich abgemacht hat, zwischen ihm und seinem . . . seinem . . . Gewissen, es gibt kein anderes Wort.

– Wissen Sie, einmal, da hätte ich mißtrauisch werden müssen, da hat er einfach so zu mir gesagt: »Solche Sachen kann man nicht auslöschen.« Ich hab' gedacht, er redet vom Prozeß, von allem, was man ihm angetan hat. Aber vielleicht wollte er was andres damit sagen.

– Hat er seine Töchter wiedergesehen?

– Maud ja.

– Und Marie-Paule?

– Niemals. Das glaube ich wenigstens. Ich war immer dagegen.

– Wollte sie hingehen?

– Ja, Marie-Paule wollte. Aber ich hab's ihr nie erlaubt.

– Sind Sie sicher? Vielleicht war sie ohne Ihre Erlaubnis dort?

– Nein, nein, meiner Meinung nach hat sie es nicht gemacht. Was hätte sie da auch machen sollen? Sie hatte da nichts zu suchen.

– Sie sind müde, wir dürfen nicht zuviel reden.

- Nein, aber ich hab' nicht mehr soviel Kraft.

- Ich komme ein andres Mal wieder.

- Ja, das ist gut. Und rufen Sie ab und zu an. Ich gebe Ihnen meine neue Nummer, ich weiß sie nicht auswendig, sie steht in dem Heft, da, auf der Kommode. Ja, da. Können Sie es mir geben? Ich hab' keine Kraft mehr.

- Den Block?

- Nein, das Heft. Ja, das dicke da. Danke. Hier, das wollte ich Ihnen auch noch zeigen, ehe Sie gehen. Da, das können Sie lesen.

- Den Zeitungsausschnitt?

- Ja.

- Wollen Sie wirklich, daß ich es laut vorlese?

- Ja, ich will, daß das auf Ihrem Apparat aufgenommen ist.

- »Selbstmord eines Häftlings im Gefängnis von Rochemont.« Soll ich alles lesen?

- Ja. Gucken Sie genau hin.

- »Zum zweitenmal in diesem Jahr hat sich ein Häftling im Gefängnis von Rochemont das Leben genommen. In der Nacht des 27. Februar wurde Lucien Dumonchel, neunundfünfzig Jahre alt, erhängt in seiner Zelle gefunden. Lucien Dumonchel war 1992 wegen Vergewaltigung zu einer zehnjährigen Haftstrafe verurteilt worden.« Ja, es ist hart, das in einer Zeitung zu lesen, ich kann Sie gut verstehen.

- Nein, das meine ich nicht. Fällt Ihnen nichts auf?

- Doch, einzelne Worte sind rot unterstrichen. »*Hat sich das Leben genommen*« einmal und »*wegen Vergewaltigung verurteilt*« zweimal. Das haben nicht Sie unterstrichen?

- Nein, das war die Person, die es mir geschickt hat. Ich hab' das mit der Post gekriegt.

- Und wissen Sie, wer es war? War ein Brief dabei, eine Nachricht?

- Nichts, aber ich habe die Handschrift erkannt.

- Ich kann es mir nicht denken . . .

- Marie-Paule.

- Marie-Paule? Aber warum, was meinen Sie? Was bedeutet das Ihrer Meinung nach?

- Ich weiß nicht. Auf jeden Fall will ich sie nie mehr wiederseh'n. Ich hab' Ihnen vorhin nicht die Wahrheit gesagt. Sie sind umgezogen, sie wohnt jetzt in der Nähe von Roanne. Das ist es, was mich krank macht, ich hab' doch alles für sie getan, alles! Und das ist jetzt meine Belohnung.

- Ich verstehe das nicht, wirklich nicht. Soll ich es wieder in das Heft legen?

- Nein, behalten Sie es. Behalten Sie es für Ihre Papiere. Das ist ein Dokument. Ja, das ist ein richtiges Dokument.

- Ein Dokument wofür?

- Für die menschliche Undankbarkeit, für die Undankbarkeit der Kinder. Oh, wäre nur ich ertrunken statt meiner kleinen Schwester. Das wär' für alle besser gewesen. Ich sag' mir das oft, ja, wärst du nur ertrunken. Sie war ein Engel. Ein Engel. Ein Engel.

- Sagen Sie so etwas nicht. Sie müssen sich ausruhen, ich werde jetzt gehen. Ich bin froh, daß Sie mit mir gesprochen haben, ja, ich bin sehr berührt. Ich komme wieder, sobald ich kann.

- Sie gehen. Ach ja, natürlich. Wollen Sie nicht vorher noch was trinken? Nur einen Kaffee? Na gut, macht auch nichts. Ja, kommen Sie wieder, ich freu' mich immer darüber. Wenn ich noch da bin. Ich hab' jetzt zu viele da drüben. Zu viele, die mich erwarten.

- Nicht doch, Sie werden gut betreut, wenn Sie sich nicht zu sehr anstrengen, wenn Sie gut auf sich achten, sind Sie nicht in Gefahr, das hat mir Ihr Sohn am Telefon gesagt. Sie brauchen nur Ruhe, viel Ruhe.

- Ja, ja.

- Machen wir es so? Ich komme wieder. Wir werden weiter reden, wenn es Ihnen gut tut. Einverstanden? Also, bis bald, bis sehr bald.

- Warten Sie, lassen Sie Ihren Apparat an, gehen Sie nicht einfach so. Es tut mir leid, daß ich Sie aufhalte. Aber gehen Sie nicht einfach so.

- Nicht doch, nicht doch, ich bitte Sie. Gibt es noch etwas?

- Ja.

- Was denn? Etwas Schlimmes?

- Ja. Es geht mir seit Monaten im Kopf rum. Ich hab' nicht gewußt, was werden soll. Und wen ich fragen soll. Ich hab' keinen, dem ich trauen kann. Gestern abend war ich noch nicht entschlossen. Ich hab' hin und her überlegt. Ich hab' Sie zwar zu kommen gebeten, aber trotzdem . . . Heute nacht hab' ich sozusagen kein Auge zugemacht.

- Was ist denn los? Ich habe schon gemerkt, daß irgend etwas Sie quält. Ich wollte nichts sagen, aber ich habe es gespürt. Ist es wegen Marie-Paule?

- Nein.

- Was dann?

- Ich mach' mir Vorwürfe. Ich war nicht ehrlich zu Ihnen. Das denken Sie doch.

- Wenn ich es dachte, habe ich es ausgesprochen. Ich habe nichts für mich behalten.

- Trotzdem. Sie verurteilen mich, Sie haben keine gute Meinung von mir. Sogar jetzt, sogar jetzt, wo das Unglück passiert ist, verurteilen Sie mich.

- Ich bin kein Richter, ich bin nicht Ihr Richter. Auch nicht Luciens. Erinnern Sie sich, daß habe ich Ihnen sehr oft gesagt.

- Ja, aber es beschäftigt mich. Ich kann nicht schlafen,

ich denk' die ganze Zeit dran. Ich war nicht ehrlich zu Ihnen.

- Wissen Sie, was ich darüber denke? Ich habe es Ihnen gesagt. Ich glaube, daß Sie vor allem Lucien nicht belasten wollten, am liebsten würden Sie ihm gar nichts vorwerfen. Wenn das möglich wäre.

- Ja, das kann sein.

- Ich sage nicht, daß ich einverstanden bin, aber ich kann es erklären. Ich werde Ihnen etwas sagen. Auch wenn ich manchmal schockiert war, ich darf Ihnen ja auch nichts verheimlichen, auch wenn ich manchmal schockiert war, oft sogar . . . Ihre Nachsicht, Ihre Passivität gegenüber Lucien! Das ist noch vorsichtig ausgedrückt. Aber es gibt da auch etwas, das mich sehr berührt hat, sehr berührt. Wie soll ich es ausdrücken? Man spürt die Liebe zwischen Ihnen beiden. Wahrhaftig. Eine echte Liebe. Was auch geschehen sein mag, das hat es gegeben.

- Ja, sicher.

- Ich sage das nicht, um Sie zu entschuldigen. Aber das erklärt so gut, daß Sie Lucien immer noch alles gegeben hätten, alles geben wollten.

- Ja, sicher. Aber es gibt noch etwas. Das können Sie nicht wissen. Es quält mich zu sehr.

- Aber was denn?

- Wissen Sie, beim letztenmal haben Sie gesagt, »die Wahrheit für Sie ist die Wahrheit, die Ihnen paßt«.

- Ja, das habe ich gesagt. Ich hatte oft diesen Eindruck.

- Aber die wirkliche Wahrheit habe ich Ihnen nicht gesagt.

- Es gibt keine wirkliche Wahrheit.

- Ich kann so nicht gehen. Nein, ich kann nicht.

- Ist es so schlimm?

- Ja. Ich war es, die Lucien angezeigt hat.

- Sie . . . Sie haben ihn . . . angezeigt?

– Ja. Er wollte mich verlassen. Da hab' ich ihn angezeigt.

– Wann? Wann haben Sie beschlossen, das zu tun?

– Er wollte mich verlassen. Da hab' ich Ihnen auch nicht die Wahrheit gesagt. Jetzt muß ich alles aussprechen. Ich habe Sie angelogen. Nicht nur die andern lügen. Ich auch. Es ging nicht mehr mit uns beiden.

– Seit wann?

– Seit langem. Am Anfang, ja, da war es die große Liebe. Die wilde Leidenschaft sozusagen. Ich war zweiundvierzig. Das war '76. Und bei ihm auch, ganz bestimmt, am Anfang, ganz bestimmt. Wir haben gleich eine Beziehung gehabt, und ich hab' dran geglaubt. Ich hab' Ihnen ja erzählt, die Männer vorher, das hat nicht gezählt. Das stimmt. Mit Lucien war es was andres, von Anfang an. Aber nicht viel später hab' ich gespürt, daß er sich von mir entfernt.

– Sind Sie sicher? Sie haben so an ihm gehangen, da täuscht man sich oft.

– Nein, ich hab' mich nicht getäuscht. Es gibt Sachen, bei denen man sich nicht täuscht. Er . . . er wollte nicht mehr . . . Also, wir haben nicht mehr zusammen geschlafen.

– Sehr bald war es so? Schon als Sie heirateten?

– Ja und nein. Und nachher hat es sich auch nicht gebessert.

– Und Sie haben trotzdem geheiratet? Warum?

– Er wollte. Ja, er hat es gewollt. Und ich, na, das können Sie sich vorstellen! Ich hatte trotz allem Hoffnung. Ich hab' mir gesagt, das kommt vielleicht wieder. Aber bei solchen Sachen . . . Es ist selten, daß das wiederkommt. Am Anfang unserer Ehe, eine Zeitlang, da sag' ich nichts. Nein, nein. Na, und dann! Ich hab' mich ein bißchen gehenlassen, also . . .

- Jetzt kommt mir ein Gedanke, den Sie ganz gewiß auch hatten, ganz gewiß . . .

- Sie denken, er hat mich wegen den Mädchen geheiratet? Daran hab' ich auch gedacht. Woran hab' ich nicht alles gedacht! Was ist mir nicht alles durch den Kopf gegangen!

- Sie haben mir erzählt, daß Sie nichts über sein früheres Leben wußten.

- Doch, ein paar Sachen. Aber ich wollte mich nicht darum kümmern.

- Was für Sachen?

- Geschichten. Eine Klage gegen ihn, von einem jungen Mädchen, einer Kellnerin in einem Café, als er gerade als Vertreter angefangen hat.

- Wurde das bestätigt?

- Nein, beim Prozeß haben sie nein gesagt.

- Und was glauben Sie selbst?

- Oh, alles ist möglich. Jetzt weiß ich nicht mehr, was ich denken soll. Es reicht, daß einer in Schwierigkeiten steckt, und schon stürzen sich alle auf ihn . . . Aber mit unserer Hochzeit, nein, das kann ich nicht glauben. Daß es nur deswegen war. Daß er mich geheiratet hat, um seine Spiele mit den Mädchen zu tarnen.

- Die beiden waren doch ganz klein, als Sie einander kennenlernten, nicht wahr?

- Na eben. Die Geschichten mit ihnen, das war viel später. Ich glaube, daß er am Anfang auch gedacht hat, daß wir uns zusammen ein Leben aufbauen können. Aber es hat nicht geklappt. Ich bin auch dran schuld. Ich war keine Frau für ihn, nicht jung genug, nicht hübsch genug, man muß die Dinge beim Namen nennen.

- Aber das wußte er doch, als er Sie kennenlernte, als er Sie heiratete, daß Sie kein junges Mädchen mehr waren!

– Das hab' ich mir auch gesagt. Na und dann, als ich geseh'n hab, daß alles aus dem Ruder läuft, bin ich zusammengeklappt, ich hab' meinen ganzen Mut verloren. Ich hab' geheult, ich bin morgens nicht mehr aus dem Bett gekommen, hab' die Arbeit geschwänzt.

– Und wie war er zu Ihnen? Was hat er zu Ihnen gesagt?

– Er hat gesagt, daß es so nicht weitergehen kann.

– Gab es Szenen zwischen Ihnen? Streit?

– Nein, nie. Er ist immer ruhig, ganz ruhig geblieben, kalt sogar, ich hätte mich so gefreut, wenn er mal richtig wütend geworden wär'. Aber nein. Er hat mit den Mädchen gesprochen. Immer sanft und freundlich. Ich dachte, ich bin zuviel. Dann hab' ich mich gehenlassen. Ich war nicht immer ganz bei mir, hab' mich mit einem Gläschen hier, einem Tröpfchen da beruhigt. Er hat gesagt, ich soll aufhören, wenn es so weitergeht, verschwindet er eines Tages. Da hab' ich versucht aufzuhören. Aber das hat nichts geändert.

– Denken Sie, er wäre auf jeden Fall gegangen?

– Ja. Und dann hat er angefangen, es mit den Mädchen zu treiben, ich hab's sofort gemerkt. Zuerst hab' ich gedacht, daß er sich an sie ranmacht, weil es mit uns nicht mehr so gut läuft. Dann hab' ich geseh'n, in welche Richtung das geht. Mit Marie-Paule. Und dann, nach den Geschichten mit Marie-Paule, haben wir uns eine Zeitlang mehr oder weniger wieder zusammengerauft. Aber danach hat er angefangen, um seine Tochter rumzuschleichen. Ich hab's nicht mehr ausgehalten.

– Sie glauben, wenn Sie etwas gesagt hätten, wäre er sofort weggegangen?

– Ja. Oh, ganz sicher! Also hab' ich alles geschluckt. Alles auf mich genommen. Deswegen hab' ich an dem Tag so reagiert, als er mir gesagt hat, daß es wirklich vorbei ist, daß er mich verläßt. Ich hab' geweint, ich hab' geschrien, ich hab' eine richtige Szene gemacht, aber das hat auch nichts geändert. Er ist rausgegangen, und ich bin alleine mit Maud geblieben. Ich hab' mich mit ihr gestritten. Sie hatte mehr oder weniger alles gehört. Sie hat gesagt, daß sie die Schnauze voll hat, daß sie zu ihrer Freundin geht. Und als ich dann ganz alleine war, das ist ganz von selbst gegangen, ich hab' ihn angezeigt. Ich hab' der Polizei alles gesagt.

- Sie sind zur Polizei gegangen?

- Nein. Ein Brief. Ich hab' alles erzählt, alles, mit Marie-Paule und das alles. Von mir haben sie das alles gewußt.

- Aber es gab doch schon Vermutungen, Gerüchte, Gerede?

- Die hat's gegeben, ganz bestimmt. Und ich bin sicher, daß Maud es schon überall rumerzählt hat, dieser Lehrerin, von der ich Ihnen erzählt hab', von der Berufsschule. Deswegen ist es dann ganz schnell gegangen.

- Wie denn?

- Er wurde zur Polizei vorgeladen, dann zum Richter.

- Wegen Ihres Briefes? Wußte er, daß Sie ihn angezeigt hatten?

- Nein. Die Mädchen auch nicht.

- Aber beim Prozeß muß doch davon die Rede gewesen sein! Das war doch eine außerordentlich wichtige Tatsache!

- Sie haben nie erfahren, daß ich das gemacht habe.

- Sie hatten den Brief nicht unterschrieben? Eine anonyme Anzeige? Ich kann nicht glauben, daß Sie das getan haben.

- Doch, das hab' ich gemacht. Ich hab' sogar mehrere geschickt. Zur Polizei. Dann haben sie versucht rauszukriegen, woher das kommt. Da haben ja auch Einzelheiten dringestanden, vom Zelten und so. Später, als sie mich vorgeladen haben, hab' ich gesagt, daß ich nicht weiß, wer so was gemacht haben kann. Sie konnten es nie beweisen, daß ich es war. Die Experten und alle. Nie.

– Aber das hat doch keinen Wert, keine Beweiskraft.

– Aber trotzdem hab' ich das ins Rollen gebracht.

– Aber es war doch nicht ausreichend! Man kann doch wegen anonymer Briefe an die Polizei oder das Gericht keine Anklage erheben!

– Nein, das hab' ich ja auch nicht gesagt. Maud hat ihn angezeigt. Nicht ich.

– Na sehen Sie.

– Ja, aber es war wegen mir.

– Wie meinen Sie das?

– Eines Tages wurde Lucien zur Polizei bestellt.

– Also hatte er seine Drohung letztlich nicht wahrgemacht?

– Welche Drohung?

– Wegzugehen.

– Er hat gewartet, bis er was findet, Arbeit oder eine Wohnung. Aber er war entschlossen. Wir haben fast gar nicht mehr miteinander geredet. Dann haben sie ihn zur Polizei bestellt. Sie wollten wissen, ob es jemand gibt, der sauer auf ihn ist und so weiter, weil sie Briefe kriegen und so weiter. Er ist wiedergekommen und hat zu mir gesagt: »Ich hab' Ärger, da schreibt jemand Briefe gegen mich.«

– Und da hat er Ihnen alles enthüllt?

– Ja. Dachte er. Mir hat er nichts Neues gesagt. Ich wußte alles. Sogar wann und wo. Wenn ich ins Bett gegangen bin, war ich eine Zeitlang richtig weg, mit der ganzen Medizin und dem andern, Sie wissen schon, aber ich bin immer gegen drei, vier aufgewacht. Er ist um fünf von der Arbeit gekommen und hat nicht gewußt, daß ich wach bin. Ich hab' ein paarmal gehört, wie er ganz, ganz leise über den Flur gelaufen ist, und dann die Tür von Marie-Paule, die ging nicht gut auf, man muß drücken. Wenn er ins Bett gekommen ist, hab' ich so getan, als würde ich grade aufwachen. Ich bin aufgestanden. Ich war krank davon. Krank.

– Wenn Sie das alles beim Prozeß gesagt haben, kann es doch keine Zweifel mehr an der Art dieser Beziehung gegeben haben.

– Ich habe es nicht gesagt. Ich werd' das doch nicht erzählen. Aber, um zu dem Tag zurückzukommen, da hat er mir gesagt, daß er Schwierigkeiten hat und das alles. Und daß da was mit Marie-Paule war. Und dann hat er nochmal hingemußt. Er hat mir erzählt, daß immer noch Briefe kommen. Sie können sich denken, daß ich das gewußt habe. Von da an ist alles aus dem Gleis gelaufen.

– Und Maud? Nach dem, was Sie mir erzählt haben, hat sie sich also zu diesem Zeitpunkt entschlossen, mit ihrer Schwester zu sprechen, sie hat versucht, Marie-Paule zur Aussage zu überreden . . .

– Ja. Sie hätte das nie gemacht, wenn sie nicht Lucien in diesem Zustand geseh'n hätte. Wenn sie nicht irgendwie mitgekriegt hätte, daß er bei der Polizei war. Das war das Entscheidende. Sie hat ihren Vater angezeigt.

– Das war auf jeden Fall unvermeidbar. Das wäre auf jeden Fall gekommen. Und Sie wissen auch, daß es für die Mädchen besser war.

– Vielleicht, kann schon sein. Aber trotzdem war es nicht Maud, die angefangen hat. Die Schuldige bin ich.

– Die Schuldige? Das Vergehen war bereits da. Es war geschehen, das Vergehen von Lucien. Er mußte doch dafür bezahlen. Ihr Anteil, natürlich, ein anonymer Brief . . . Aber es mußte doch mal Schluß sein damit.

– Ich hab's immerhin drei Jahre ertragen. Also.

– Sie denken also heute, daß es ein Fehler war, diese Briefe zu schreiben.

– Allerdings. Ich hab' mir gesagt: »Ich hab' das für meine Tochter gemacht. Für meine Tochter.« Aber ich hab' mir was eingeredet. Ich hab' genau gewußt, daß es nicht stimmt. Das macht mich jetzt kaputt.

– Ich verstehe.

– Dieses ganze Unglück, wissen Sie, der Prozeß, das alles, und er, tot im Gefängnis! Und meine Tochter, die nicht mehr mit mir redet! Das ist alles meine Schuld. Nein. Ich halt' das nicht mehr aus. Deswegen konnte ich das alles nicht vor Ihnen verstecken. Ich konnte nicht. Ich hab' mir gesagt: »Wenn ich mit ihr rede, na ja, ich weiß nicht, aber dann ist es immerhin weniger häßlich.«

– Es war gut, daß Sie es getan haben. Ich kann jetzt nicht viel sagen, ich bin ganz erschüttert, aber es war gut. Sagen Sie, hat Lucien während des Prozesses ausgesagt, daß er Sie verlassen wollte?

– Nie. Er hat nie davon geredet.

– Was meinen Sie, warum nicht?

– Ich habe immer das Gefühl, er hat es erraten.

– Ich verstehe, ich verstehe.

*

– Sagen Sie mir, hat Ihr Apparat das alles richtig aufgenommen? Alles? Sind Sie sicher?

– Ja, ich bin sicher.

22. Januar 1997

Liebe Madeleine,

Sie haben sicher verstanden, warum ich nach meinem letzten Besuch bei Ihnen so lange geschwiegen habe. Ich habe inzwischen viel nachgedacht, und ich kann nur sagen, daß ich mir wünsche, daß Sie jetzt nach all diesen schmerzhaften Schlägen ein wenig Ruhe und Frieden finden mögen. Vielleicht wäre es gut, wenn Sie irgendwie den Kontakt mit Marie-Paule wiederaufnehmen könnten? Schicken Sie mir eine Nachricht oder rufen Sie mich an, wenn Sie etwas brauchen. Möchten Sie, daß ich Ihnen die Kassette schicke? Es kommt für mich nicht in Frage, sie irgendwie zu verwenden. Was auf ihr gespeichert ist, gehört Ihnen und nur Ihnen allein.

Passen Sie gut auf sich auf, liebe Madeleine, und seien Sie voller Zuneigung gegrüßt,

Sophie

Dieser Brief kam zurück mit dem Vermerk: »Unzustellbar wegen Tod des Empfängers.«

NACHWORT

I

In einer Zeit, in der Themen wie sexueller Mißbrauch von Kindern, Vergewaltigung, Inzest und Pädophilie nicht aus der Berichterstattung in Presse, Rundfunk und Fernsehen wegzudenken sind, macht sich Danièle Sallenave daran, dieses Thema als Fiktion zu behandeln. Eine eigenartige Idee, werden manche vielleicht sagen. Warum? Wir sind doch ohnehin schon durch die Medien so überfüttert mit schrecklichen Geschichten dieser Art.

Danièle Sallenave wählt die Fiktion, weil für sie die Literatur Dinge erfahrbar macht, wie es kein Zeitungsartikel oder keine soziologische Studie über sexuellen Mißbrauch vermag. »Das wahre Thema dieses Buches ist: Eine Frau spricht mit der ihr eigenen Sprache, ihren Formulierungen, ihren Redewendungen. Durch diese Rede ohne Vermittler öffnet sich uns eine Welt. Die Welt der sogenannten einfachen Leute, die oft durch die vorgegebene Objektivität nackter Augenzeugenberichte verraten worden ist. Paradoxerweise ist es hier der Umweg über eine Fiktion, die diesem Buch sein ganzes Gewicht der Wahrheit gibt« – so kommentiert die Autorin ihren Roman im Klappentext der französischen Originalausgabe, einen Roman, den sie wie eine Folge von Interviews gestaltet hat und dem sie den Untertitel: »Sechs Interviews, einige Briefe und ein abschließendes Gespräch« gab.

Danièle Sallenave und ihre Journalistin Sophie richten ihr

Augenmerk nicht auf die Opfer, die mißbrauchten Mädchen Marie-Paule und Maud, und nicht auf den Täter Lucien, sondern – und das ist das Außergewöhnliche an diesem Buch – auf die Ehefrau des Täters, die Mutter und Stiefmutter der mißbrauchten Kinder. Der Leser soll erfahren, wie die Frauen, deren Männer wegen Kindesmißbrauch im Gefängnis sitzen, mit dieser Situation fertig werden. Und was wir hier zu lesen bekommen, geht unter die Haut.

Mados Leben ist ohne Perspektive. Es war eine Aneinanderreihung von ungücklichen Zufällen und Desastern, bis sie Lucien begegnet, mit dem sie endlich die Liebe, das Glück und die sexuelle Erfüllung kennenlernt. Daß dieses Glück nur von kurzer Dauer gewesen sein kann, daß damit irgend etwas nicht stimmt, ahnen wir beim Lesen die ganze Zeit, bekommen es aber, von Mado selbst, erst in ihrem letzten Gespräch mit Sophie bestätigt. Mit geradezu wilder Verbissenheit schützt Mado »ihren« Lucien vor allen Anschuldigungen, weil sie ihr kurzes Lebensglück wie eine Löwin verteidigt. Deshalb ist es so schwer für sie, in den Gesprächen mit Sophie Enttäuschung, Schmerz, Schuld, Scham, Einsamkeit und diese Leere in ihrem Leben in Worte zu fassen.

Mado ist keine Intellektuelle. Die Schule mochte sie nicht, weil ihr das Lernen keinen Spaß machte. Sie ist eine Arbeiterin, wie sie selbst sagt, und sie war sehr früh gezwungen, sich um ihr materielles Auskommen zu kümmern. Ihr Denken ist von vielen Klischees geprägt: Für eine Frau über vierzig ist das Leben gelaufen; sie kann froh sein, wenn sich überhaupt noch ein Mann für sie interessiert. Ein Mann dagegen beherrscht seine Instinkte nicht, mit vierzig hat er das Leben noch vor sich, kann von vorne anfangen, Kinder zeugen, wenn er will.

Die Leute aus den Wohnblöcken reden gerne viel und warten bloß auf so eine Geschichte wie die von Lucien. Auch die Polizei und der Richter wollen den kleinen Leuten nur an den Kragen. Und die Mädchen, da weiß man ja auch nicht, vor allem nicht bei Maud, die Marie-Paule nur aufgehetzt hat . . .

»Was dieses Buch so schrecklich, so erschütternd macht – sofern man verstehen will, aus welcher Finsternis sich die Frauen befreien müssen (und selbst gebildete Frauen haben etwas von dieser altüberlieferten Obskurität in sich) – sind die Widersprüche Madeleines, denen wir Schritt für Schritt folgen. Es ist diese Verletzung in ihr, die sie nicht aussprechen kann, die sie zerstört hat und die sie natürlich töten wird«, so schreibt Josyane Savigneau in der Literaturbeilage von *Le Monde**. Es sind die Widersprüche, das Schweigen und Madeleines langjährige Weigerung, die Wahrheit sehen zu wollen.

Wahrheit

Literatur soll Lebenswelt erfahrbar machen, sagt Danièle Sallenave. Folgerichtig »kann es auch nicht die Aufgabe des Schriftstellers sein, den Schmerz zu leugnen, seine Spuren zu verwischen, über ihn hinwegzutäuschen. Er muß ihn im Gegenteil wahrhaben und noch einmal, damit wir sehen können, wahrmachen. (. . .) Und jener geheime Schmerz macht uns erst für die Erfahrung empfindlich und insbesondere für die der Wahrheit. Wir sagen sehr einfach und richtig, wenn wir in diesen Zustand kommen, den hellen, den wehen, in dem der

* Le Monde des Livres, 16. 5. 1997

Schmerz fruchtbar wird: Mir sind die Augen aufgegangen. (. . .) Und das sollte die Kunst zuwege bringen: daß uns, in diesem Sinne, die Augen aufgehen.«*

Für mich zählen diese Sätze Ingeborg Bachmanns zu den poetischsten und angemessensten Formulierungen über die Aufgabe des Schriftstellers und der Literatur. Es ist, als wäre Danièle Sallenaves ›Das Schweigen der Mütter‹ in völligem Einverständnis mit Bachmanns Literaturauffassung geschrieben worden.

Madeleine tastet sich in den Gesprächen mit Sophie an die Wahrheit heran und läßt so auch den Leser dieses Buches daran teilhaben. Die Entwicklung von der großen Liebe zur völligen Desillusion ist meisterhaft dargestellt: Mados Lebensglück war auf einer Lüge aufgebaut, bis zum letzten Gespräch mit Sophie will Madeleine daran glauben, daß ihr Verhältnis zu Lucien in Ordnung war, daß sie ein ganz normales, glückliches Familienleben geführt haben. Madeleine will daran glauben, nichts von dem sexuellen Mißbrauch gewußt zu haben. Erst in diesem letzten Gespräch gibt sie zu, daß Lucien sie schon lange nicht mehr begehrte, ja kalt gegen sie war, daß er sie möglicherweise nur geheiratet hat, um problemlos an die Mädchen heran zu können, daß sie ihm ausschließlich als Deckmäntelchen für seine Pläne diente, daß sie sehr früh von den inzestuösen Annäherungen wußte, daß sie schwieg aus schierer Angst, verlassen zu werden. Als Lucien sich entschließt zu gehen, denunziert sie ihn.

Für Madeleine kommt das Eingeständnis der Wahrheit zu spät. Lucien hat ihr diese unaussprechliche Verletzung

* Ingeborg Bachmann, Rede zur Verleihung des Hörspielpreises der Kriegsblinden, in: Ingeborg Bachmann, Werke, Bd. 4, München 1978, S. 275

zugefügt. Das Schweigen und die Schuld haben ihr Leben zerstört.

Schweigen und Schuld

Schweigen und Schuld – das sind die anderen großen Themen dieses Buches.

In einem der Interviews erzählt Mado ihrer Gesprächspartnerin Sophie, die vermutlich überhaupt der erste Mensch in ihrem Leben ist, der sich die Mühe des Zuhörens macht, daß sie schon als Kind schuldig war. Mit elf Jahren wird Mado Zeuge, wie ihre sechsjährige Schwester vor ihren Augen beim Spielen ertrinkt. Sie springt nicht ins Wasser, um die Schwester herauszuholen, sondern rennt, vermutlich von Sinnen vor Angst, nach Hause zur Mutter. Als beide zurückkommen, ist es zu spät. Die Schwester ist tot. Die Mutter verzeiht Mado diesen Tod nie. Diese Szene ist die Schlüsselszene zum Verständnis von Mados Lebensgeschichte. Sie zählt zu den aufwühlendsten des Buches.

Auch Mado verzeiht sich nie. Sie hat ihre Schwester geliebt. Seit ihrem elften Lebensjahr lastet diese Schuld bleischwer auf ihr, und sie wird sich nie wieder von diesem Gefühl befreien. Sie trägt die Schuld am Tod der Schwester, ist schuld, weil sie den Mann, den sie geliebt hat, nicht glücklich machen konnte, und sie trägt Schuld, weil sie ihre Töchter nicht vor diesem Mann beschützt hat.

Die Journalistin Sophie verurteilt Mado nicht ein einziges Mal. Sie hört zu, sie will verstehen. Es ist dieses Zuhören jenseits eines moralischen Urteils, das es Mado ermöglicht, die Wahrheit zu sagen. Es führt uns »die menschliche Natur in ihrer ganzen Komplexität« vor Augen. »Jeder von uns ist schuldig. Der menschlichen Schwäche schuldig, des Egoismus, (oder) schuldig (weil wir) von einer unmöglichen Liebe träumen.«*

Wie alle guten Bücher ist dieses Buch keine leichtverdauliche Lektüre. Die sensible und vielschichtige Annäherung Danièle Sallenaves an ihre Figur Mado hilft, das Schweigen der vielen Madeleines zu verstehen, das uns normalerweise, lesen wir die Presse zum Thema Mißbrauch in der Familie, rätselhaft und unverständlich bleibt. Wir können uns in Mados trauriges Schicksal hineinversetzen und erkennen die verzweigten Mechanismen, die jene Mütter schweigen lassen. Denn das bringt dieses Buch zuwege: Es öffnet uns die Augen.

II

Danièle Sallenave ist eine vielseitige und vielbeschäftigte Frau. Sie ist Romanautorin, Essayistin, Literaturkritikerin und scharfe Beobachterin des kulturellen Lebens in Frankreich. Hauptberuflich ist sie Professorin für Literatur an der Universität Paris Nanterre. Sie übersetzt Italo Calvino ins Französische und sitzt gemeinsam mit den auch in Deutschland berühmt gewordenen Autorinnen Benoîte Groult, Viviane Forrester, Françoise Giroud, Régine Deforges und noch sieben anderen Mitstreiterinnen in der Jury des Preiskomitees für den Prix Femina. Diese Frauenjury vergibt alljährlich im Herbst einen der großen französischen Literaturpreise – selbstverständlich nicht nur an Frauen, denn das wäre für die Französinnen nichts anderes als Sexismus mit umgekehrten Vorzeichen.

* Martine Laval, in: Télérama, 11. 6. 1997

Auch einer von Danièle Sallenaves Romanen* erhielt 1980 einen großen Literaturpreis: den *Prix Renaudot*, und das ›Schweigen der Mütter‹ war 1997 mit unter den letzten Auswahltiteln für den begehrten *Prix Goncourt*. Im Frühjahr 1998 überraschte die Autorin das französische Publikum mit einem Reise- und Augenzeugenbericht über das Leben in den besetzten Gebieten in Palästina.

Wenn sich Danièle Sallenave über die Literatur äußert, dann befindet sie sich auf vertrautem Terrain und weiß genau, wovon sie spricht. Nie hat sie verheimlicht, daß Simone de Beauvoir zu ihren (literarischen) Vorbildern zählt. Ist dieses Bekenntnis obsolet in einer Zeit, in der die jungen französischen Autoren frech und frei von Sex und Rock schreiben? Man sagt der zeitgenössischen französischen Literatur ja seit einigen Jahren nach, intimistisch zu sein, nichts als Nabelschau zu betreiben. Zu dieser sogenannten Autofiktion, jenem Genre, das mit Narzißmus um die Stimmungslagen eines erzählenden Ichs kreist, hat Danièle Sallenave eine dezidierte Meinung: »Mich als Leserin verspottet man dabei«, sagt sie. »Lesen ist eine Flucht, aber auch eine Tür zur Welt. Es ist unerträglich und sogar kriminell, wenn man die Literatur als Freizeitbeschäftigung für Frauen im Rentenalter abtut.«**

Danièle Sallenave liebt den Kampf, aber nicht die Gewalt. »Graben, finden, verteidigen«, all das sei lebenswichtig. Und genau das geben ihr die Bücher und die Lehre an der Universität. »Das Ich interessiert mich nicht«***, sagt sie zur Darlegung ihres Standpunktes über die Autofiktion.

* ›Les portes de Gubbio‹, P.O.L. 1980

** Danièle Sallenave im Gespräch mit Martine Laval. In: Télérama Nr. 2474, 11. 6. 1997, S. 98

*** vgl. ebda.

Was soll die Literatur also leisten, wie soll sie sein, und in welcher literarischen Tradition sieht sie ihre eigenen Bücher?

Als das ›Schweigen der Mütter‹ 1997 in Frankreich erschien, hat Danièle Sallenave für dieses Buch viel Lob erhalten. Sie hat aber auch für Verwirrung gesorgt. Einige Kritiker und Leser fühlten sich durch die literarische Form des fiktiven Interviews irritiert. Gibt das Buch nun die Interviews wieder, die Danièle Sallenave tatsächlich geführt hat, oder ist es »nur« ein »Roman«, eine Fiktion? Und warum hat sie dann nicht einen Erzähler in der ersten oder dritten Person über Mados Schicksal sprechen lassen, wie die Romanciers es üblicherweise machen? Diese Debatte hat Danièle Sallenave gewundert und verärgert. Zwar räumt sie ein, daß der von ihr gewählte Dialog den Leser möglicherweise aufs Glatteis führen kann, aber diese Verwirrung befremdete sie doch; es sei tragisch, weil es zeige, daß man der Literatur nicht mehr vertraut, sagt sie. Die Leute wollen hören, daß Sophie und Mado wirkliche Personen sind, Bekannte oder Verwandte. Man leugnet die literarische Erfindung, die Kreativität der Literatur.

Für Danièle Sallenave kann sich die Literatur natürlich auf die Realität beziehen, ohne daß der Leser ihren Anteil je ausfindig machen kann, aber zuallererst ist Literatur Fiktion. Hier erklärt eine Literaturwissenschaftlerin mit großem Engagement ihren Standpunkt. Viele der Themen, mit denen sich die Literatur schon lange beschäftigt hat, seien ihr mehr oder mehr von den Sozial- oder Geisteswissenschaften weggenommen worden. Es gebe umfassende Abhandlungen über sexuelle Gewalt in den sozial benachteiligten Milieus, umfangreiche Bücher über die Arbeiterkultur und viele andere Themen.*

Allerdings »erkennt man heute nicht mehr an – und das beginnend mit Zola –, daß sich die Literatur (solcher Themen) bemächtigen kann. Ich aber glaube, daß sie genau das tun muß.«** Das also ist die literarische Tradition, in die Danièle Sallenave ihren Roman stellt.

Ehrgeiz und Verantwortung der Literatur seien es, gelebte Situationen darzustellen, ihnen einen Sinn zu geben, uns die Wirkung dieser gelebten Zeit fühlen zu lassen. Keine Theorien soll sie entwickeln, das ist das Reich der Philosophie, Geschichte, Soziologie oder Psychologie, die natürlich eine immens wichtige Rolle spielen. Bei der Lektüre eines historischen Werkes lerne man eine ganze Menge, mache aber keine Erfahrung . . . mit einem Roman allerdings erfahre man etwas. »Das Verständnis der Welt verläuft quer durch die Literatur«, sagt Danièle Sallenave im Gespräch mit der Journalistin Martine Laval***, die natürlich, wie wir alle, noch wissen will, wie sie auf die Idee gekommen ist, dieses Buch zu schreiben. Sie habe zufällig eine Stimme im Radio gehört, die sie berührt habe. Eine Frau, deren Mann wegen Vergewaltigung im Gefängnis saß, erzählte ihre Lebensgeschichte. Und da war etwas von einem verzweifelten Widerstand, von einer stillen Würde im Bericht dieser Frau. Wollte sie dieses Drama verstecken, herunterspielen, oder wollte sie, im Gegenteil, »auspacken«? So kam es, daß Danièle Sallenave wie in einem Rausch einen Monat mit ihrer Figur Mado immer wieder gesprochen hat. Sie wollte sich hineinversetzen, in eine Frau, in eine Mutter,

* vgl. ebda., S. 98
** ebda.
*** vgl. ebda.

die einer anderen Frau den Inzest zwischen Vater und Tochter anvertraut. Denn kaum jemand interessiert sich für die Mütter in so einem Fall. Und je länger ihr diese Lebensgeschichte durch den Kopf ging, desto inniger wurde ihr Verhältnis zu Mado. Sie sei kein Populist, noch habe sie eine Vorliebe für Elendsdarstellungen in der Literatur. Sie spreche vom Leben, und da liege die ganze Dynamik der Literatur.*

III

Kunst und Wahrheit

Der Anspruch, den Danièle Sallenave an die Literatur stellt, ist nicht gering: Literatur ist eine Tür zur Welt, sie soll gelebte Situationen denken und sinnstiftend sein, sie spricht vom Leben, und genau das ist ihre Dynamik. Sie soll keine Theorien entwickeln, sondern uns ein Stück Dasein erfahrbar machen . . .

Literatur legt keine Theorien dar, aber die Professorin für Literatur, Danièle Sallenave, tut dies sehr wohl. Ihre Gedanken zum Stellenwert der Literatur heute gefallen mir gut, weil sie einerseits all jenen widersprechen, die in der Literatur nichts als Zerstreuung und Unterhaltung suchen und sie andererseits gegen alle verteidigt, die sie ohnehin nutzlos finden, in ihr nichts als eine brotlose Kunst sehen. Sie begibt sich mit ihren Ideen in höchst hermeneutisch-philosophische Gesellschaft. Es ist Hans Georg Gadamer, der zur Hermeneutik und Wahrheitserfahrung in der

* vgl. ebda., S. 96/97

Kunst einen wichtigen philosophischen Beitrag geleistet hat. Für ihn ist Wahrheit nämlich gar keine Domäne, die ausschließlich von den empirischen Wissenschaften gepachtet ist. Die Wissenschaft ist nicht die einzige Wahrheitsinstanz, denn an vielen entscheidenden Lebensfragen stößt sie an ihre Grenze.* Genau an dieser Grenze zur Lebenswelt sprechen Literatur und Kunst zu uns, indem sie die Welt erfahrbar machen. Wenn sich ein Kunstwerk seinem Betrachter erschließt, dann holt er es mit seinen impliziten Werten in das Ganze seines Selbst- und Weltverständnisses hinein – so wird dieses Werk für sein Leben bedeutsam und setzt einen Erkenntnisprozeß in Gang, der zwar völlig verschieden ist von der Sinneserkenntnis der Naturwissenschaften, aber es ist eben doch Erkenntnis und »das heißt Vermittlung von Wahrheit«.**

Daß es auf diese Art der Wahrheitserfahrung durch die Kunst sowohl Danièle Sallenave wie auch Ingeborg Bachmann ankam, davon haben wir uns überzeugen können. Schade, daß sich diese beiden Schriftstellerinnen (bei aller thematischen Verschiedenheit ihres Werks) nicht persönlich darüber haben unterhalten können. Es wäre bestimmt ein lebendiger Dialog gewesen . . .

* Hans Georg Gadamer: Was ist Wahrheit. In: Kleine Schriften I. Philosophie. Hermeneutik. Tübingen, 1967, S. 47.: »Wir fragen uns besorgt: Wie weit liegt es gerade am Verfahren der Wissenschaft, daß es so viele Fragen gibt, auf die wir Antwort wissen müssen und die sie uns doch verbietet. Sie verbietet sie aber, indem sie sie diskreditiert (. . .) Denn Sinn hat für sie nur, was ihrer eigenen Methode der Wahrheitsermittlung und der Wahrheitsprüfung genügt.« Er erklärt dann, wie es überhaupt zu der uns heute so selbstverständlich erscheinenden Verbindung von Wahrheit und Wissenschaft gekommen ist.

** ders.: Wahrheit und Methode. Grundzüge einer philosophischen Hermeneutik. Tübingen, 1967, S. 92

Ich gebe abschließend noch einmal Danièle Sallenave das Wort, die, selbst wenn sie über die Literatur spricht, nie das Gespür für feinsinnige, poetische Formulierungen verliert: »Seit Jahrhunderten sind Bücher das Erbe der verstorbenen Generationen – das Geschenk, das uns die Toten machen, um uns im Leben zu helfen. In unserer Kultur ohne Bücher zu leben kommt einem Verlust gleich, ist eine Qual, die man mit nichts vergleichen kann. (. . .) Denn die Literatur ist unsere verwandelte Sprache; es sind unsere Worte: und dort im eigentümlichen Austausch zwischen dem Buch und seinem Leser, öffnet sich die erweiterte Erfahrung, und das Denken, und der Traum, und die Möglichkeit, wirklich man selbst zu sein, in dieser Gemeinschaft, die man miteinander teilt«, so sagt Danièle Sallenave in »Le don des morts«, ihren Vorlesungen* über die Literatur.

Bettina Foulon

* Danièle Sallenave, Le don des morts. Sur la littérature. Paris, Gallimard 1991